COLLECTION FOLIO

Italo Calvino

La spéculation immobilière

Traduit de l'italien
par Jean-Paul Manganaro

Gallimard

Les lieux, les faits, les personnes, les noms de ce récit sont tout à fait imaginaires et toute coïncidence avec la réalité serait le fruit du hasard. (*N.d.A.*)

Titre original :

LA SPECULAZIONE EDILIZIA

I

Il levait les yeux de son livre (il lisait toujours, dans le train) et retrouvait le paysage morceau par morceau — le mur, le figuier, la noria, les roseaux, les récifs —, les choses qu'il avait toujours vues et qu'il n'apercevait que maintenant, parce qu'il s'en était trouvé éloigné : c'était, chaque fois qu'il y revenait, la manière dont Quinto reprenait contact avec la Riviera, sa région natale. Mais puisque cette histoire d'éloignement et de retours sporadiques durait depuis des années, quel plaisir pouvait-il donc y prendre ? Il connaissait tout cela par cœur : il persévérait pourtant dans sa tentative de faire de nouvelles découvertes, comme ça, en passant, un œil posé sur son livre, l'autre tourné vers la fenêtre, et il ne faisait plus que vérifier des observations, toujours les mêmes.

Mais il y avait, chaque fois, quelque chose qui interrompait le plaisir de cet exercice et le replongeait dans les pages de son livre, une gêne qu'il n'arrivait pas lui-même à bien cerner. C'étaient les maisons : toutes ces nouvelles constructions qui poussaient, des immeubles de six à huit étages, massivement blancs, s'élevant comme des barrières pour protéger de l'effondrement la côte qui s'affaissait peu à peu et présentant le plus grand nombre possible de fenêtres et de balcons sur la mer. La fièvre du ciment s'était emparée de la Riviera : on voyait ici un immeuble déjà habité, avec ses pots de géraniums tous identiques aux balcons, là un pâté de maisons à peine achevé, aux vitres marquées par des serpents de céruse et qui attendaient les bonnes petites familles de Lombardie, maniaques de bains de mer ; encore plus loin un château d'échafaudages avec, en dessous, la bétonnière en train de tourner et la pancarte de l'agence pour l'acquisition des appartements.

Dans les petites villes sur les hauteurs, les immeubles nouveaux, en terrasses, jouaient à saute-mouton et les propriétaires des maisons anciennes tendaient le cou au milieu des surélévations. À ***, la ville de Quinto, autrefois entourée de jardins ombreux d'eucalyptus et de magnolias, où, d'un buisson à l'autre, quelques vieux colonels anglais et des miss d'antan se prêtaient éditions Tauchnitz et arrosoirs, les bulldozers retournaient à présent le terrain ameubli par les feuilles pourries ou rendu granuleux par le gravillon des allées, tandis que la pioche démolissait les petites villas à deux étages et que la hache arrachait de leur ciel les éventails des palmiers washingtonia en un grand froissement de papier, là où allaient apparaître les futurs trois-pièces-cuisine-salle-de-bains ensoleillés.

Lorsque Quinto montait vers sa villa, qui dominait autrefois l'étendue des toits de la ville nouvelle et les bas quartiers du bord de mer et du port, et, plus près, l'entassement de maisons rongées par les mousses et les moisissures de la vieille ville, puis, entre le versant de la colline au couchant, où l'oliveraie, au-dessus des potagers, devenait plus touffue, et le levant, un royaume de villas et d'hôtels aussi verts qu'une forêt, et en dessous, la croupe aride des champs d'œillets sur lesquels scintillaient les serres, jusqu'au cap : il n'y avait plus rien désormais, il ne voyait qu'une superposition géométrique de parallélépipèdes et de polyèdres, d'angles et de pans de maisons, par-ci, par-là, des toits et des fenêtres, des murs aveugles pour les services contigus, avec uniquement les petites fenêtres aux verres dépolis des cabinets de toilette, l'une au-dessus de l'autre.

Sa mère, chaque fois qu'il venait à ***, le faisait d'abord monter sur la terrasse (lui, avec sa nostalgie paresseuse, distraite et tout à coup lassée, serait reparti sans s'y rendre). « Je vais te faire voir les nouveautés », et elle lui indiquait les nouvelles constructions : « Là-bas les Sampieri surélèvent, là un immeuble nouveau de gens de Novara, et les nonnes, les nonnes aussi, tu te souviens du jardin de bambous qu'on voyait là-bas ? Regarde maintenant ce trou, qui sait combien d'étages ils veulent faire avec de pareilles fondations ! Et l'araucaria de la villa Van Moen, le plus beau de la Riviera, l'entreprise Baudino vient d'acheter toute la superficie, un arbre sur lequel la mairie aurait dû veiller, il est parti en bois de chauffage ; c'est vrai aussi qu'il était impossible de le transplanter, qui sait où arrivaient les racines. Viens par là, maintenant ; ici, au levant, ils n'avaient plus de vue dont nous priver, mais regarde ce nouveau toit qui a poussé : eh bien, maintenant le soleil arrive ici le matin une demi-heure plus tard. »

Et Quinto : « Eh, eh ! Oh là là ! Quelle catastrophe ! » Il ne parvenait à s'en sortir qu'au moyen d'exclamations inexpressives et de petits sourires, du genre : « Que peut-on y faire, d'ailleurs ? », jusqu'à faire preuve d'une certaine complaisance pour les dommages les plus irréparables, peut-être en raison d'un résidu de volonté juvénile de scandale, peut-être pour faire montre de la sagesse de ceux qui connaissent l'inutilité des plaintes contre le mouvement de l'histoire. Et pourtant, la vue d'une ville qui était la sienne, et qui s'en allait ainsi, sous le ciment, sans qu'il l'eût jamais vraiment possédée, tourmentait Quinto. Mais il faut dire qu'il pensait en historien, refusant les nostalgies, c'était quelqu'un qui avait voyagé, et cætera, en somme, il s'en fichait complètement ! Il était prêt à exercer d'autres violences, lui personnellement, et même sur sa propre existence. Il aurait presque aimé que, là, sur cette terrasse, sa mère attisât davantage cette contradiction qui était la sienne et il dressait l'oreille pour saisir, dans ces dénonciations résignées qu'elle accumulait d'une visite à l'autre, les accents d'une passion qui dépassât le regret d'un paysage chéri qui se mourait. Mais le ton de raisonnable récrimination de sa mère ne glissait jamais vers cette pente acrimonieuse, et plus tard maniaque, dans laquelle toutes les récriminations qui trop longtemps continuent ont tendance à tomber, et qui se révèle à peine dans quelques termes significatifs du discours : dire, par exemple, « eux » en parlant de ceux qui bâtissent, comme s'ils s'étaient tous associés pour nous faire du mal, et « regarde ce qu'ils sont en train de nous faire » de tout ce qui nous nuit, à nous, et à beaucoup d'autres ; non, il ne trouvait pas matière à polémiquer dans la tristesse sereine de sa mère ; il était alors d'autant plus agité par le désir de sortir de sa passivité, de passer à l'attaque. Voilà que maintenant, sa ville, cette partie amputée de lui-même, retrouvait une vie nouvelle, bien qu'anormale, anti-esthétique, et à cause de cela justement — à cause des oppositions qui dominent les esprits nourris de littérature —, c'était la vie, plus que jamais. Mais lui, il n'y prenait aucune part ; relié désormais à ces lieux par un fil d'excitation nostalgique et par la dévaluation d'une aire à demi urbaine qui avait perdu son panorama, il n'en recevait que les préjudices. Dictées par cet état d'âme, la phrase : « Si tout le monde bâtit, pourquoi ne pas bâtir nous aussi ? », qu'il avait jetée au hasard, conversant un jour avec Ampelio en présence de leur mère, et l'exclamation de celle-ci, se prenant la tête à deux mains : « Je t'en supplie ! Notre pauvre jardin ! », avaient été le germe d'une série désormais longue de discussions, de projets, de calculs, de recherches, de pourparlers. Et Quinto, à présent, revenait justement dans sa ville natale pour y entreprendre une spéculation immobilière.

II

Mais en y réfléchissant tout seul, comme il lui arrivait de le faire dans le train, les mots de sa mère lui revenaient à la mémoire et lui communiquaient un sourd malaise, comme un remords. C'était à cause de tout ce que sa mère y avait exprimé, le regret d'une partie d'elle-même qui se perdait et dont elle sentait qu'elle ne pourrait plus la rattraper, l'amertume qui s'empare de la vieillesse quand chaque tort commun qui vient de quelque manière nous toucher est un tort fait à notre vie même qui n'en obtiendra plus réparation, lorsque dans toute bonne chose de la vie qui s'en va, c'est la vie même qui s'en va. Et dans la vivacité de sa réaction Quinto reconnaissait la cruauté des optimistes à tout prix, le refus, de la part des jeunes, de s'avouer vaincus en rien, car ils croient que la vie nous redonne toujours autrement ce qu'elle nous a ôté et que si elle détruit aujourd'hui les traces chères d'un lieu, la couleur ambiante, une beauté aimable mais sans art et que l'on peut donc difficilement défendre et rappeler, par la suite elle nous rendra certainement d'autres choses, d'autres biens, d'autres Moluques ou Açores, tout aussi périssables mais dont on pourra jouir. Il sentait pourtant combien cette juvénile cruauté est erronée, combien elle est dilapidatrice et quel goût précoce de vieillesse elle apporte, mais il savait, par ailleurs, combien elle est aussi cruellement nécessaire : il savait tout, en somme, malheureusement pour lui ! Et même que, dans l'absolu, sa mère avait raison, elle qui ne pensait rien de tout cela mais l'informait chaque fois, avec un souci naturel, des surélévations des voisins.

Mais Quinto n'avait pas encore osé dire à sa mère ce qu'il souhaitait faire. C'est pourquoi il allait maintenant à ***. Ce n'était qu'une idée à lui, il n'en avait même pas parlé avec Ampelio, et depuis très peu de temps seulement cette idée s'était dessinée comme une décision urgente et non comme une hypothèse, une possibilité toujours ouverte. La seule chose établie et presque conclue désormais — avec le consentement résigné de leur mère —, c'était la vente d'un morceau du jardin. Car ils étaient maintenant dans l'obligation de vendre.

C'était l'époque cruelle des impôts. Il y en avait eu deux très lourds qui étaient tombés en même temps sans crier gare, après la mort de leur père, au grognement sourd et à l'empressement par trop scrupuleux duquel ces affaires avaient toujours été confiées. Le premier était l'impôt « extraordinaire sur le patrimoine », désagréable et vindicatif, décrété par les gouvernements de l'immédiate après-guerre, plus sévères avec les bourgeois, qui, ajourné jusqu'alors par la lenteur bureaucratique, finissait maintenant par éclater, quand on s'y attendait le moins. L'autre était l'impôt de succession sur l'héritage paternel, un impôt qui paraît raisonnable tant qu'il est considéré de l'extérieur mais qui, lorsqu'on le sent tomber sur soi, a la propriété d'apparaître inadmissible.

Chez Quinto, le souci de n'avoir pas même le dixième de l'argent nécessaire pour les payer et la rancune ancestrale contre le fisc des agriculteurs de Ligurie, parcimonieux et hostiles à l'État, s'ajoutaient à l'obsession, impossible à chasser, des honnêtes gens qui pensent être les seuls ruinés par les impôts « alors que les gros bonnets, on le sait, parviennent toujours à se défiler ». Puis cette foule de sentiments que les pâles bordereaux envoyés par les perceptions suscitent dans le cœur des contribuables les plus purs et, enfin, le soupçon qu'il existe dans ce labyrinthe de chiffres un piège contournable, mais qu'ils sont les seuls à ignorer, se mêlaient chez Quinto à la conscience d'être un mauvais propriétaire, qui ne sait pas faire fructifier ses biens et qui, à une époque de mouvements continus et aventureux des capitaux, de trafics d'influence et de circulations de traites, reste à se tourner les pouces en laissant se dévaluer ses terrains. Ainsi reconnaissait-il qu'à cette méchanceté si disproportionnée de la nation contre une famille privée de revenus se mêlait selon une logique lumineuse ce qu'en style du palais on a coutume d'appeler « l'intention du législateur » : frapper les capitaux improductifs, et pour ceux qui n'ont pas envie de les faire fructifier ou n'y réussissent pas, tant pis.

Et puisque la réponse, partout où l'on posait la question — à la perception, à la banque, chez le notaire —, était toujours la même : vendre, « tout le monde fait ça : pour payer les impôts, il faut vendre quelque chose » (où ce « tout le monde » désignait évidemment « tous ceux, comme vous », c'est-à-dire les vieilles familles de propriétaires d'oliveraies improductives ou de maisons aux loyers bloqués), Quinto avait aussitôt pensé au terrain dit « de la poterie ».

Ce terrain de la poterie avait été autrefois une surface cultivée comme jardin potager. C'était une annexe de la partie la plus basse du jardin, où se trouvaient une maisonnette, un vieux poulailler, utilisé ensuite comme remise de pots, de terreau, d'ustensiles et d'insecticides. Quinto le considérait comme un appendice accessoire de la villa et il ne lui était même pas lié par des souvenirs d'enfance, parce que tout ce qui lui revenait en mémoire à propos de cet endroit avait disparu : le poulailler avec les poules à l'allure paresseuse, les semis de laitues rongés par les limaces, les plants de tomates qui se hissaient le long de minces roseaux, le glissement serpentin des courgettes sous les feuilles qui s'étendaient sur le sol et, au milieu, se dressant au-dessus des légumes, deux pruniers donnant des reines-claudes très sucrées, lesquels, après une longue vieillesse sécrétant de la gomme et noire de fourmis, se desséchèrent et moururent. Ce jardin, leur mère, au fur et à mesure que le besoin familial de légumes diminuait (les enfants étaient partis ailleurs pour leurs études, puis pour le travail, les vieux avaient disparu les uns après les autres et, en dernier, son mari, peu de temps auparavant encore infatigable et tonitruant, ce qui lui avait donné tout à coup la sensation d'une maison vide), leur mère avait commencé à l'envahir de ses plantes de jardin, en faisant une sorte de lieu de triage, de pépinière, et avait transformé l'ex-poulailler en réserve de pots. Le terrain avait ainsi révélé des qualités d'humidité et d'exposition recommandées spécialement pour certaines plantes rares, qui, rassemblées là provisoirement, s'y étaient par la suite établies ; il avait maintenant un aspect dysharmonieux, entre l'agricole, le scientifique et le précieux, et c'était à cet endroit du jardin, couvert de plates-bandes et de gravillon, plus qu'en n'importe quel autre, que leur mère aimait à s'arrêter.

« Vendons celui-là : c'est un terrain à bâtir », avait dit Quinto. Ce à quoi sa mère avait répondu : « C'est ça, et mes calcéolaires… où vais-je les transplanter ? Je n'ai plus une seule place dans tout le jardin. Et les pittosporums, qui sont déjà si grands ? Sans parler de l'espalier de plumbago, qui se perdrait… Et puis (elle s'était arrêtée comme frappée par une crainte qu'elle n'avait pas envisagée), le terrain vendu, s'ils voulaient y bâtir ? » Et se présenta à ses yeux la muraille grise de ciment plongeant dans le vert du jardin et le transformant en un fond de cour froid, en un puits sans lumière.

« Bien sûr qu'ils vont bâtir ! avait dit Quinto avec emportement. C'est bien pour cela que nous le vendons ! Si ce n'était pas un terrain à bâtir, personne ne l'achèterait ! »

Mais trouver un entrepreneur qui voulût l'acheter ne fut pas une mince affaire. Les entreprises cherchaient de nouvelles zones, près de la mer, avec une vue dégagée ; les maisons étaient déjà trop serrées aux alentours, et, aux gens de Biella et de Milan qui voulaient leur petit appartement à ***, on ne pouvait vraiment pas proposer de se terrer dans ce trou. Le marché de l'immobilier donnait d'ailleurs des signes de saturation, pour l'été à venir on prévoyait déjà un léger fléchissement de la demande, deux ou trois entreprises qui avaient eu trop d'appétit furent englouties dans les traites et firent faillite. Il fallut baisser le prix fixé en un premier temps pour le terrain de la poterie. Les mois passaient, un an passa et on n'avait pas encore trouvé d'acheteur. La banque ne voulait plus faire d'avances pour le paiement des impôts et menaçait d'une hypothèque. Puis, enfin, Caisotti se présenta.

III

Caisotti arriva avec le représentant de l'agence Superga. Ni Quinto ni Ampelio n'étaient là. Ce fut leur mère qui les accompagna pour voir le terrain. « C'est quelqu'un de très rustre, dit-elle ensuite à Quinto, il ne sait presque pas parler italien ; mais il y avait avec lui ce type tellement bavard de l'agence qui parlait pour deux. » Caisotti, alors qu'il s'affairait avec un mètre à ruban au bord du terrain, se prit par une manche à un rosier sauvage ; il s'en fit patiemment détacher par la mère, une épine après l'autre.

— Je veux pas que vous disiez que je commence à emmener des affaires qui sont pas à moi, dit-il en riant.

— Eh, pensez-vous, dit la mère.

Elle s'aperçut ensuite que l'homme avait un peu de sang sur le visage :

— Oh, vous vous êtes égratigné ?

Caisotti haussa les épaules ; il trempa de salive un de ses doigts, le passa sur sa joue et les gouttelettes de sang bavèrent.

— Venez à la villa, je vais vous passer un peu d'alcool, dit la mère.

Elle dut, ainsi, le désinfecter, et l'accent de sévérité qu'elle avait donné à l'entretien, sur la somme qui ne pouvait être baissée à aucun prix (« De toute façon, je dois en parler avec mes fils, je vous ferai parvenir une réponse »), sur les clauses obligatoires concernant la hauteur des constructions et le nombre des fenêtres, alla peu à peu en s'affaiblissant, cédant aux manières un peu molles de Caisotti qui mettait tout sur un plan plus conciliant, d'approximation et d'ajournement.

Pendant ce temps, le type de l'agence Superga, un gros bonhomme habillé de blanc, un Toscan, n'arrêtait pas de parler :

— Comme je vous le disais, madame le professeur, c'est pour moi une grande satisfaction, croyez-moi, de vous permettre de conclure une affaire avec un ami comme M. Caisotti, parce que Caisotti, permettez que je le dise, moi qui le connais depuis tant d'années, c'est quelqu'un avec lequel on peut toujours se mettre d'accord et, madame le professeur, il est certainement tout disposé à vous faire des concessions, et vous verrez, madame, vous serez satisfaite au point que vous ne pourrez pas trouver mieux…

Et la mère, l'esprit toujours fixé à son idée :

— Eh oui, le mieux ce serait de ne pas vendre… Mais comment faire ?

C'était un homme de la campagne, ce Caisotti,

qui était devenu entrepreneur après la guerre et avait toujours trois ou quatre chantiers en train : il achetait un terrain, il édifiait une maison aussi haute que le permettaient les règlements de la municipalité et contenant le plus grand nombre d'appartements possible. Ces mini-appartements, il les vendait alors qu'ils étaient encore en construction, il les finissait tant bien que mal et, avec ce qu'il en tirait, il achetait tout de suite d'autres terrains à bâtir. Quinto fut aussitôt appelé par une lettre de sa mère, pour conclure l'affaire. Ampelio envoya un télégramme disant qu'il ne pouvait venir à cause de certaines expériences, mais que l'on ne devrait pas baisser au-dessous d'une certaine somme. Caisotti n'alla pas jusque-là ; il parut à Quinto étrangement conciliant ; il le dit à sa mère, par la suite.

Et elle :

— Mais tu n'as pas vu la fausseté de son visage, ces yeux minuscules ?

— Il avait l'air très faux, répondit Quinto. Et alors ? Pourquoi devrait-il avoir un visage sincère ? Pour mieux nous embobiner ? Ça, oui, ce serait de la fausseté…

Il s'interrompit, s'apercevant qu'il était en train de s'échauffer en parlant avec sa mère, comme si la chose la plus importante était ce visage.

— Moi, de toute façon, je me méfierais…, dit la mère.

— Bien sûr, dit Quinto, en tendant ses mains ouvertes. Moi aussi. Et lui aussi se méfie de nous, ne vois-tu pas qu'il s'arrête à tout ce que nous disons, qu'il laisse passer un moment avant de répondre ?...

C'était quelque chose qui faisait plaisir à Quinto, dommage que sa mère ne le comprît pas, ce rapport de méfiance réciproque et spontanée qui s'était instauré tout de suite entre eux et l'entrepreneur, un vrai rapport entre gens qui veillent sur leurs propres intérêts, entre gens qui connaissent leur affaire.

Caisotti était revenu à la villa pour définir les termes de la négociation, en présence de Quinto. Il était entré la bouche en cul de poule, avec un air de componction, comme à l'église, il avait ôté avec un certain retard sa casquette kaki à visière, à l'américaine. C'était un homme de quarante-cinq ans environ, plutôt petit de taille, mais trapu et aux larges épaules, de ceux qu'on appelle en dialecte « taillés à coups de pioche », en voulant dire « à la serpe ». Il avait une chemise à carreaux, à la cow-boy, qui se renflait sur son ventre légèrement prononcé. Il parlait lentement, avec une cadence quelque peu pleurnicharde, comme en une complainte aiguë et interrogative, caractéristique des régions préalpines de Ligurie.

— Et alors, comme je l'ai déjà dit à madame votre maman, si vous faites un pas vers moi, j'en fais un moi aussi, et on se rencontre à mi-chemin. Mon offre est celle que je vous ai déjà faite.

— Ce n'est pas assez, dit Quinto, même s'il avait déjà décidé de l'accepter.

Le visage de notre homme, large et charnu, était comme pétri dans une matière trop informe pour garder traits et expressions, qui étaient donc amenés à se défaire, à s'écrouler, comme happés non tant par les rides marquées assez profondément aux coins des yeux et de la bouche que par la porosité sableuse de toute la surface du visage. Le nez était court, presque camus, et l'espace excessif qui restait découvert entre les narines et la lèvre supérieure soulignait sur le visage une expression tantôt idiote, tantôt brutale, selon que Caisotti tenait la bouche ouverte ou fermée. Les lèvres étaient épaisses au centre, et comme auréolées par la sécheresse, mais disparaissaient complètement dans les coins, comme si la bouche se prolongeait en une coupure jusqu'au milieu de la joue ; cela lui conférait l'aspect d'un requin, souligné par le peu de relief du menton, au-dessus d'un cou large. Mais les mouvements les moins naturels et les plus laborieux étaient ceux des sourcils : en entendant, par exemple, la réponse sèche de Quinto : « Ce n'est pas assez », Caisotti parut rassembler ses sourcils clairsemés juste au milieu du front, ne parvenant, toutefois, qu'à soulever d'un demi-centimètre la peau en haut de son nez et la maintenant en une ride instable et circonflexe, presque ombilicale. Remontés par ce mouvement, ses courts sourcils de chien, de plongeants qu'ils étaient, devinrent presque verticaux : ils tremblaient dans l'effort de se tenir tendus et propageaient leur froncement aux paupières qui se hérissaient en une frange de rides minuscules et vibrantes comme si elles voulaient cacher l'inexistence des cils. Il resta ainsi, les yeux mi-clos, avec cet air de chien battu, et dit plaintivement :

— Et alors, vous allez me dire, vous, ce que je dois faire : je vous montre les devis, je vous fais voir les prix qui ont cours pour les pièces d'une maison comme on peut en faire là, à l'étroit et sans soleil, je vous fais tout voir, et vous me direz ensuite après ce que moi je peux y gagner ou si je dois travailler en pure perte : je m'en remets à ce que vous me direz…

Ce rôle de victime soumise avait déjà placé Quinto dans une position embarrassante.

— Mais, dit-il, conciliant, disposé à être équitable, l'emplacement est près du centre…

— Pour être près du centre, il l'est, ça, oui…, admit Caisotti — et Quinto fut content qu'ils eussent trouvé un point d'accord et que la ride sur le front de l'entrepreneur se fût aplatie, ramenant les sourcils à une position plus naturelle.

Mais Caisotti continuait sur le même ton :

— Certes, ce ne sera pas un très bel immeuble, dit-il (il fit ce que la mère de Quinto appellerait par la suite « son rire méchant »), vous comprenez que je ne peux faire une construction que tournée dans ce sens (il faisait des gestes avec ses bras trapus), certes, ce ne sera pas un très bel immeuble, mais quand vous me dites : « Il sera près du centre », je reconnais que vous avez raison…

Cette phrase de l'immeuble pas très beau avait inquiété de nouveau la mère.

— Nous voudrions d'abord voir votre projet, dit-elle, nous réserver le droit de l'approuver. Vous savez, c'est une maison que nous devrons avoir tout le temps sous les yeux…

Quinto avait eu une expression de fatalisme en même temps que de suffisance, comme quelqu'un qui savait bien que l'on pouvait tout demander à la future construction, sauf d'être belle ; il fallait même souhaiter qu'elle fût anonyme, affreuse, qu'elle se confondît avec les immeubles les plus anonymes parmi ceux qui l'entouraient et qu'elle marquât son caractère entièrement étranger par rapport à leur villa.

Mais Caisotti jouait la condescendance :

— Mais bien évidemment que vous verrez le projet ! Écoutez, c'est une maison de quatre étages, je ne peux en faire que quatre à cause des règlements de la municipalité, et ce sera une maison identique aux autres maisons de quatre étages. Mais le projet, pour obtenir l'approbation du Bureau technique, je suis bien obligé de le faire, et quand je l'aurai fait, je vous l'apporterai à vous aussi et vous me direz… (le ton soumis devenait oppressif, menaçant), je vous apporterai tout et alors vous me direz… Je vous apporterai aussi les chiffres de ce que me coûte le travail et de ce que j'y gagne, et vous qui êtes instruits et qui en savez plus que moi…

— La question n'est pas d'être instruit, Caisotti,

dit Quinto, aussitôt agacé, susceptible comme il était à tout ce qui lui rappelait sa condition d'intellectuel, vous savez très bien jusqu'où vous pouvez monter avec votre offre, comme nous savons jusqu'à quel point nous pouvons baisser…

— Mais si vous pensez déjà à baisser, de quoi est-ce qu'on parle ici ? dit Caisotti.

Il se mit à rire tout seul, en baissant et secouant la tête (Quinto remarqua la nuque de taureau comme soumise à un effort continu), en relevant les coins de la bouche, ce qui le fit devenir requin, un requin et un taureau qui souffle des narines, et on ne savait pas si c'était un rictus ou s'il retenait sa colère, mais c'était, en même temps, un pauvre homme qui se dit à lui-même : « Ce n'est pas la peine, je sais bien, d'ailleurs, qu'ils veulent me berner, qu'ils disent une chose pour une autre et que je finirai par me laisser avoir… »

Quinto sentit que ce mot de « baisser » était la dernière chose à dire.

— De toute manière, on se mettra d'accord, dit-il, se repliant sur les formules vagues que préférait Caisotti.

Mais ça n'allait toujours pas ; parce que Caisotti, avec ce petit sourire douloureux d'homme exposé à des vexations, dit :

— Nous nous mettrons d'accord, pour sûr ; ça signifie que vous me direz ce que je dois faire, parce qu'à force de renvoyer, moi, si je ne travaille pas en été, quand est-ce que je vais travailler ? Quand il commence à pleuvoir, j'ai plus grand-chose à faire…

Son visage, aux yeux fermés, à la bouche ouverte et sans expression, tenait tout entier, désarmé, dans ses joues. Et sur la joue gauche, juste au-dessus des limites de la surface granuleuse de la barbe, presque au-dessous de l'œil, Quinto vit l'éraflure encore fraîche de la rose. Ce détail semblait insinuer, dans ce visage brûlé d'homme mûr, une sorte de fragilité enfantine, comme, d'ailleurs, les cheveux coupés court, presque ras sur la tête tout en nuque, et comme le ton plaintif de sa voix et sa façon quelque peu égarée de regarder les gens ; et Quinto était sur le point d'être repris par le désir de se montrer conciliant et protecteur envers lui, mais de cette image d'un Caisotti enfant de cinq ans demeurait exclu le requin menaçant ou l'énorme crustacé, le crabe, tel qu'il apparaissait avec les mains épaisses abandonnées sur les accoudoirs du petit fauteuil. C'est ainsi que, avec des sentiments alternés, Quinto avançait dans les pourparlers. Et, de plus en plus, le fait était clair : lui, ce Caisotti, il l'aimait bien.

IV

— Nous avons trouvé un acheteur pour le terrain.

— Il était temps.

Canal, l'avocat, avait été le camarade de classe de Quinto. Pas très grand de taille, il se tenait rencogné dans son grand fauteuil derrière son bureau, la tête enfoncée dans les épaules, et son visage mobile s'allongeait dans des grimaces ennuyées.

— C'est un entrepreneur. Je venais te demander si tu le connaissais et si on pouvait s'y fier, s'il est solvable.

Depuis des années, Quinto et Canal n'arrivaient pas à se parler. Les rares fois où ils se rencontraient, ils ne trouvaient rien à se dire. Leurs vies étaient l'une ici, l'autre là, leurs villes, leurs professions, leurs idées politiques, tout était différent sinon opposé. À présent Quinto avait au contraire un sujet pratique, un rapport concret. Et il était très content de cela.

— Comment s'appelle-t-il ?

— Caisotti.

— Tiens !

Canal sursauta, quitta sa pose paresseuse, appuya ses bras sur la table.

— Tu as trouvé le meilleur !

Le début n'était pas prometteur. Décidé d'emblée à défendre l'entrepreneur, Quinto fit une concession temporaire aux arguments de sa mère :

— Eh bien, j'ai tout de suite compris le type d'homme que c'était, il suffit de regarder sa figure. Mais…

— Ce n'est pas sa figure. Mais chaque affaire qu'il fait, chaque construction qu'il dresse est source de litiges. Je l'ai déjà eu comme adversaire dans quelques procès. C'est l'entrepreneur le plus escroc de tout ***.

Quinto, plus il en entendait dire du mal, plus il lui plaisait : ce qu'il y avait de bien dans les affaires — ce qu'il croyait être en train de découvrir pour la première fois —, c'était justement cette façon de se fourrer parmi des gens de tout acabit, de traiter avec des escrocs en le sachant, mais sans se laisser escroquer, en essayant éventuellement de les escroquer. C'était le « moment économique » qui comptait et rien d'autre. Mais il fut saisi par la crainte que les informations de Canal fussent si mauvaises qu'elles pussent déconseiller la poursuite des pourparlers.

— Réfléchissons, dit-il, avec nous il ne peut pas faire d'escroqueries. S'il paie, le terrain lui appartient, s'il ne paie pas, non, c'est simple. Comment est-il, côté argent ?

— Jusque-là, tout s'est bien passé, dit l'avocat. Il est arrivé à *** de la montagne avec des pantalons rapiécés, à demi analphabète, et maintenant il monte des chantiers partout, il manie des millions, il fait la pluie et le beau temps à la mairie, au Bureau technique…

Dans les mots de Canal, Quinto reconnut la rancœur, comme un accent familier ; c'était la vieille bourgeoisie de l'endroit, conservatrice, honnête, parcimonieuse, se satisfaisant de peu, sans élan, sans imagination, un peu mesquine, qui depuis un demi-siècle voyait autour d'elle des changements auxquels elle n'arrivait pas à faire face, des gens nouveaux et disgraciés gagner du terrain, et, chaque fois, elle devait faire des concessions sur son opposition butée, en ayant recours à l'indifférence, mais toujours les dents serrées. Et n'étaient-ce pas ces mêmes sentiments qui agitaient Quinto ? Sauf que Quinto réagissait toujours en se lançant de l'autre côté des choses, accueillant tout ce qui était nouveau, choisissant l'opposé, tout ce qui faisait violence ; et maintenant aussi, en découvrant l'avènement d'une nouvelle classe de l'après-guerre, des entrepreneurs improvisés et sans scrupules, il se sentait pris par quelque chose qui ressemblait tantôt à un intérêt scientifique (« nous assistons à un phénomène sociologique important, mon cher… »), tantôt à une complaisance esthétique contradictoire. Cet envahissement désolant du ciment avait le visage camus et informe de l'homme nouveau Caisotti.

— Combien offre-t-il ? demanda l'avocat.

Quinto lui raconta les premiers pourparlers. Il s'était levé et regardait dehors par la fenêtre. Le bureau de l'avocat se trouvait dans la rue élégante de ***, mais la fenêtre donnait sur la cour : les toits, les terrasses, les murs étaient ceux de la ville maritime du siècle dernier, dans la clarté du soleil et du vent ; au milieu poussaient, là aussi, des échafaudages, des murs fraîchement peints, des toits plats avec, au centre, la cage de l'ascenseur.

— Étant donné le moment, c'est un bon prix, grommela Canal en mordillant ses lèvres. Comptant ?

— En partie. Et le reste avec des traites.

— Que te dire ! Jusqu'à présent on ne lui a pas protesté ses traites, paraît-il… Il vient d'achever une maison, il devrait être renfloué…

— C'était ce que je voulais savoir. Alors, tout va bien, c'est une affaire.

— Certes, s'il s'était agi de lui commander un travail, d'acheter chez lui, je te l'aurais déconseillé… Mais dans ce cas, vendre à lui ou à un autre… S'il paie… Il faut bien veiller aux termes du contrat, aux limites de hauteur, aux fenêtres.

Il l'accompagna jusqu'à la porte.

— Tu restes quelque temps ou tu repars ?

— Euh. Je crois que je vais repartir.

— Comment va le travail… tes affaires ?

Canal essaya de laisser la question dans le vague, il craignait toujours de ne pas être au courant, parce que Quinto changeait souvent d'occupation, de branche d'activité, de domaine d'études.

Quinto répondit en restant encore plus dans le vague :

— Eh… Nous avons maintenant un nouveau projet, avec des amis… Nous allons voir…

— Et la politique ?

Là aussi il était difficile de parler. Ils avaient des idées différentes et, éprouvant une estime réciproque, ni l'un ni l'autre n'avaient envie de discuter. Mais cette fois Quinto dit :

— Ça fait quelque temps que je ne m'en occupe plus…

— Oui, je l'ai entendu dire…

Quinto l'interrompit :

— Et ici ? La politique ? La mairie ?

Canal était social-démocrate, conseiller municipal.

— Euh ! Toujours les mêmes histoires…

— Tu vas bien ? Ta femme ?

— Tout le monde va bien. Et toi, toujours célibataire ? Rien à l'horizon ? Ah, ah. Bien, fais-moi savoir quelque chose quand tu auras parlé avec Bardissone.

V

Quinto sortit agacé par les dernières répliques de la conversation avec son vieil ami. Pour aller chez le notaire, il devait parcourir un bout de la rue principale que, d'habitude, il évitait à cause d'une de ses réticences confuses. Durant ses retours à *** il s'arrangeait toujours pour choisir des chemins qui passaient par la campagne ou longeaient le bord de mer, là où il pouvait redécouvrir les sensations d'une mémoire plus sédimentée, marginale ou mineure. En ville, non ; tout était laid, ses souvenirs n'étaient qu'un rabâchage de faits quotidiens. Il ne savait plus qui il fallait saluer ou pas : à un certain moment de sa jeunesse, il avait rompu avec tout le monde, il s'était inscrit au Parti communiste et ne s'était fait que des ennemis ; et, le pire, il avait l'impression que ceux-là mêmes qui avaient été autrefois ses copains lui en voulaient maintenant encore plus que les autres. À présent, même la nostalgie pour le vieux monde qui disparaissait n'agissait plus sur lui ; aperçue depuis ces trottoirs, la ville était toujours semblable à elle-même, d'une ressemblance déchirante, et ce qu'il y avait de nouveau — visages, jeunes gens, boutiques — ne comptait pour rien, le temps de l'adolescence semblait désagréablement proche. Qu'est-ce qu'il lui avait pris de raviver son attachement pour *** ? Quinto voulait maintenant expédier rapidement cette affaire et partir. Décidément, rester à *** l'agaçait profondément.

Arrêté sur son vélo appuyé au trottoir, il y avait quelqu'un que Quinto crut reconnaître. C'était un vieil homme maigre, en maillot de corps, les bras bronzés posés sur le guidon, un menuisier, se souvint Quinto, un camarade, qui avait même dû être membre de la direction lorsque Quinto y était lui aussi.

Il parlait avec un autre. Quinto passa, en pensant que le vieux ne le reconnaîtrait peut-être pas, mais ne détourna pas le regard, ne souhaitant pas avoir l'air de ne pas vouloir saluer. Le menuisier, au contraire, le regarda, dit à l'autre : « Mais c'est Anfossi ! » et le salua avec l'air de se réjouir de le voir. Quinto répondit lui aussi par un signe de salutation et de joie, tout en continuant son chemin. Mais le menuisier lui tendit la main et dit : « Comment ça va, Anfossi ? Quel plaisir de te revoir ! Tu es de retour quelque temps parmi nous ? »

Ils se serrèrent la main. La tête du vieux menuisier, un peu comme celle d'un hibou, avec des lunettes en écaille, des cheveux blancs coupés en brosse, avait toujours paru sympathique à Quinto ; il aimait aussi sa voix, son accent ouvert (ce devait être un Romagnol ou un Lombard, établi là depuis des années), ainsi que sa poignée de main, forte et souple. Mais Quinto aurait aimé, maintenant, le trouver désagréable ; reconnaître la sympathie humaine du menuisier n'entrait pas dans les dispositions de son esprit — celles-là mêmes qui lui faisaient éprouver de la sympathie pour Caisotti —, et puis, de toute façon, il n'avait pas envie de s'arrêter. Surtout lorsque le vieux (Quinto ne se souvenait pas de son nom et cela aussi le rendait nerveux parce qu'il lui semblait qu'il ne pouvait pas lui répondre sur le même ton sans l'appeler par son nom) commença en disant :

— Eh, nous te suivons, qu'est-ce que tu crois, nous t'avons lu dans la presse nationale, hein ? N'est-ce pas ? dit-il, s'adressant à l'autre, dans la presse nationale !

« Ils ne savent pas que je ne suis plus… » pensait Quinto, et il essaya de dire, en haussant les épaules :

— Mais vous savez, désormais, je ne collabore plus, ça fait déjà longtemps que…

Mais le menuisier ne saisissait pas ce début d'explication, il insistait :

— Eh non, pas question, ce sont de belles affirmations, parbleu !

Et Quinto n'osait rien dire d'autre.

— Tu te souviens de lui ? dit le menuisier en

indiquant l'autre homme, tout à fait inconnu de Quinto.

— Mais bien sûr, comment ça va ? répondit Quinto.

— C'est le camarade Martini, tu t'en souviens ? insistait le menuisier, comme si Quinto avait avoué ne pas le reconnaître. Le camarade Martini de la section de Santo Stefano !

— Tu es venu faire une réunion dans notre section, pour nous expliquer l'amnistie, c'était encore en 46 ! dit Martini.

— Ah, c'est ça ! dit Quinto, qui ne se souvenait d'aucune réunion de ce genre.

— Eh oui, c'était un temps où on espérait, on espérait, ajouta Martini. Tu t'en souviens, Masera ?

Quinto fut grandement soulagé d'entendre rappeler que le menuisier se nommait Masera, et comme si la fin de la recherche du nom dans sa mémoire correspondait à la fin de sa mauvaise conscience, il réussit enfin à regarder Masera avec sympathie. Il se souvenait maintenant d'un soir de vent où ils pédalaient ensemble dans une rue le long de la mer, interrompue, de temps à autre, par des trous qui s'ouvraient (le vélo de Masera était alors tout aussi abîmé et rouillé), en allant à une réunion : c'était un beau souvenir, plein de nostalgie.

— Eh oui, on espérait, on espérait à cette époque..., fit Masera en écho, mais comme en attendant ce que, en jouant le pessimisme, on attend d'un camarade qui a plus d'autorité et de préparation, c'est-à-dire qu'il dise : « Mais on espère aujourd'hui encore plus qu'avant, on lutte… »

Quinto au contraire ne disait rien et Masera fut obligé de dire, lui-même :

— Et aujourd'hui encore on continue à espérer, n'est-ce pas, Anfossi ?

— Eh oui ! dit Quinto en écartant les bras.

— C'est dur ici, tu sais ! Et là-bas, chez vous ? Avec tous les licenciements, ces canailles… qu'en disent les camarades, les ouvriers ?

— Eh, c'est dur, là-bas aussi c'est dur…, dit Quinto.

— Bah, c'est dur partout !

Masera rit, comme consolé par cette solidarité en des temps hostiles.

— Dis-lui…, suggéra Martini à Masera à voix basse, et Quinto ne saisit qu'un seul mot : « conférence ».

Masera sourit avec un mouvement d'entente de la tête, qui exprimait en même temps un grand doute, comme s'il y avait déjà réfléchi mais sans espérer réussir, et dit, s'adressant à Quinto :

— Tu es toujours celui qui ne veut pas parler en public ? Ou tu es enfin devenu un orateur ? Car, puisque tu es ici, on t'aurait proposé de venir un soir à la section nous faire une conférence… Les camarades seraient heureux, tu sais.

— Non, vous savez, je repars tout de suite, je dois repartir, et puis, je ne suis pas capable de parler, tu le sais bien, Masera…

Masera rit, lui donna une tape sur l'épaule.

— Tu es toujours le même ! N'est-ce pas qu'il n'a pas du tout changé ? demanda-t-il à ce Martini inconnu, qui acquiesça.

C'étaient de braves gens, des amis, sans méfiance ; mais Quinto n'avait aucune envie de se sentir entre amis, au contraire, le vrai sens de ce temps tenait au fait de rester sur le qui-vive, le pistolet pointé, comme — justement — entre hommes d'affaires, propriétaires avisés, entrepreneurs.

Il compara Caisotti, qui était circonspect, réticent, perfide, avec Masera, confiant, expansif, toujours prêt à trouver des confirmations à son idéal : certes, c'était plutôt Caisotti qui vivait dans la réalité de son temps et, d'une certaine manière, la subissait même, en acceptait le poids, tandis que Masera la fuyait, prétendait rester franc et loyal, avec un cœur pur, dans un monde qui était tout le contraire. Quinto repoussait la mauvaise conscience qui l'envahissait face au simple sens du devoir social de Masera ; mais se lancer dans une initiative économique, manier des terrains et de l'argent était aussi un devoir, un devoir peut-être moins épique, plus prosaïque, un devoir bourgeois ; et lui, Quinto, était justement un bourgeois — comment avait-il pu penser être autre chose ?

Maintenant que cette certitude sur sa nature de bourgeois lui était revenue, son malaise à l'égard des deux ouvriers s'estompa, fit place à une vague cordialité, presque désinvolte. Qui n'était d'ailleurs pas tout à fait insincère, parce que, maintenant qu'ils allaient prendre congé, il était content qu'ils gardassent un bon souvenir de lui.

VI

Les renseignements sur Caisotti étaient partout négatifs : de Bardissone, le notaire, à Travaglia, l'architecte. Quinto, à présent, se sentait solidaire de Caisotti, comme d'une victime : toute la ville voulait l'écraser, tous les bien-pensants s'étaient coalisés contre lui, et ce maçon-montagnard, uniquement armé de sa nature grossière et fuyante, résistait.

Il faut dire aussi que ces informations négatives étaient, malgré tout, de telle nature qu'elles laissaient à Quinto la possibilité de décider dans un sens positif. Personne, au fond, ne lui déconseillait entièrement de conclure l'affaire ; et Quinto, qui aimait toujours faire ce qui, d'une certaine manière, contrastait avec l'opinion d'autrui, mais qui, par ailleurs, ne se serait pas hasardé à prendre une résolution que la plupart auraient carrément désapprouvée, se trouvait dans la condition idéale pour faire ce qu'il voulait avec le minimum de désaccord et le minimum d'approbation nécessaires.

Et il aimait aussi — peut-être parce qu'il lui fallait toujours vaincre un malaise initial — entrer en contact professionnel avec ses concitoyens. Même avec Luigi Bardissone, qui était son cousin au troisième degré, mais qu'il ne connaissait presque pas. Luigi était plus âgé que lui de cinq ou six ans ; lorsque Quinto était entré en troisième, la renommée d'élève modèle de son cousin planait sur les classes du lycée ; et, comme il arrive parfois, une différence d'âge qui n'était pas très importante avait suffi à marquer une séparation impossible à surmonter. Luigi avait appartenu à ces classes d'âge obligées de passer plusieurs années sous les armes ; il était revenu à ***, après la guerre, reprendre l'étude que les notaires Bardissone se transmettaient depuis des générations.

L'étude était ancienne, aisée, dans la pénombre, en raison des persiennes baissées ; deux portraits du XVIIIe siècle, un homme et une femme, en perruque, soulignaient la dignité du lieu. Luigi était pratiquant, et encore maintenant qu'il était devenu un sage père de famille, un peu gras, il avait cet air d'écolier studieux et obstiné — dans sa façon de parler, dans la coupe de ses cheveux — que gardent parfois les prêtres et les laïques de famille catholique bourgeoise. Ses rapports avec Quinto étaient empreints d'une courtoisie presque déférente, qui cherchait à masquer le manque d'intimité et la diversité d'opinions ; Bardissone, en face de son cousin extrémiste, voulait faire montre de largesse de vues, de compréhension, d'absence de préjugés ; il tenait des discours « de gauche » avec la conscience tranquille de l'homme d'ordre ; Quinto, en revanche, toujours en contradiction avec lui-même, se faisait un plaisir de montrer à son cousin qu'il était comme les autres, de tenir les discours les plus normaux et pleins de bon sens possible.

Ce jour-là, Luigi, sans raison apparente, commença à parler de la Russie. Il s'était trouvé, pendant la guerre, sur le Donet.

— Ah, la Russie, la Russie… J'aimerais y retourner maintenant, aller y faire un voyage… Par temps de guerre, tu sais, ce n'est pas la même chose… Cela m'intéresserait de voir maintenant les progrès qu'ils ont faits, car, c'est certain, ils ont fait des progrès, ça ne se discute pas ! Allons, Quinto, pourquoi ne me fais-tu pas faire un voyage en Russie ? Tu peux, toi, tu connais des gens… Ah, la population était très aimable, il y a vraiment de braves gens dans cette population…

— Tu sais, je n'ai vraiment pas… Il faudrait s'adresser…

Quinto, soudain nerveux, essayait de couper court. Il réussit à dire la raison pour laquelle il était venu, il parla du contrat.

— … et l'acheteur serait Caisotti, l'entrepreneur…, conclut-il.

Le visage du notaire s'assombrit un peu. Il fit la moue.

— Oui… je le connais… je le connais… Ainsi,

vous n'avez trouvé aucun autre… C'est vrai, cela fait longtemps que vous vouliez vendre, je me souviens, ta mère m'en parlait déjà l'an dernier. Je m'y étais intéressé moi aussi… Malheureusement on n'avait trouvé personne…

— Pourquoi, ce Caisotti ?…

— Caisotti, que veux-tu, Quinto, tu n'es pas au courant, il y en a tant comme lui, au fond il n'est ni meilleur ni pire que les autres, et nous, pauvres notaires, nous sommes toujours là, au milieu…

Avant de sortir de la bouche de Bardissone, tout jugement sévère et négatif devait tenir compte de son habitude de bien peser chaque mot, et encore plus de sa tendance au « possibilisme » et à laisser les questions ouvertes.

— L'homme est, comment dire…

— Faux ?

— Faux… L'homme est faux… L'homme est faux… (Chaque fois qu'il répétait le mot « faux » comme s'il en testait le son dans ses oreilles, le notaire cherchait à en minimiser la gravité, à se convaincre que, s'il lui fallait bel et bien le définir faux, le fait d'être faux n'était pas, après tout, une caractéristique aussi négative.) Moi, en règle générale, je vous le déconseillerais… mais, quoique faux, il est malgré tout…

— Solvable ?

— Solvable. J'ai moi-même traité une affaire avec lui, il n'y a pas longtemps, pour un de mes clients, une affaire qui va lui rapporter beaucoup. Solvable. Peut-être un peu trop surchargé en ce moment : il a toujours deux fers au feu… Mais justement, il y a de quoi se prémunir.

— Pour ce qui est de payer, il paiera, n'est-ce pas ?

— Oh, nous le ferons payer, sois tranquille ! Nous sommes ici pour ça ! Oh oui !

Et le notaire s'abandonna de nouveau à une expression de joie, comme si la représentation qu'il s'était faite de Caisotti en tant qu'incarnation du mal rendait maintenant plus triomphale la certitude d'une victoire sur toutes ses mauvaises intentions possibles.

Quinto était doublement content : il avait l'impression d'avoir recommencé à faire partie de la vieille bourgeoisie de sa ville, solidaire dans la défense des modestes intérêts lésés, et il comprenait en même temps que chacun de ses pas n'aboutissait qu'à favoriser l'ascension des Caisotti, une bourgeoisie équivoque et antiesthétique d'un nouveau modèle, tout comme antiesthétique et amoral était le vrai visage de l'époque. « C'est ça, c'est ça, pensait Quinto avec acharnement, vous n'en avez pas raté une ! » et son élan polémique s'était alors éloigné de la petite société de ***, de sa mère, de Canal (et même du menuisier Masera) : il en voulait maintenant à ses amis des grandes villes du Nord où il avait vécu pendant toutes ces années, des années passées à établir des projets sur la société à venir, sur les ouvriers et les intellectuels… « Caisotti a gagné. »

VII

Il était impatient de manifester son état d'esprit, justement, à ces amis-là. Il partit. Le lendemain il était à T. et déjeunait comme d'habitude dans un restaurant bon marché avec Bensi et Cerveteri.

Ils parlaient de fonder une revue intitulée *Le Nouvel Hegel*. La serveuse attendait la commande ; c'était déjà la troisième fois qu'elle venait mais les trois amis étaient trop pris par leurs discours pour lui prêter attention.

Bensi regarda le menu, lut la liste des plats mais aucun d'entre eux ne dut frapper son imagination car il dit :

— Et pourquoi pas *La Gauche hégélienne* ?

— *Le Jeune Marx*, alors. C'est plus polémique.

— Voulez-vous commander ? insistait la jeune fille.

— Je propose *La Nouvelle Gazette rhénane*. Tel que, *rhénane*, oui, c'est ça, *rhénane*.

— On pourrait même reprendre le titre original de la *Neue Rheinische Zeitung* et employer les mêmes caractères..., dit Quinto, dont les observations étaient toujours marginales, mais empreintes d'une compétence désinvolte.

Il n'avait pas encore trouvé la manière de manifester son désaccord à ses amis, bien qu'il se fût décidé à les rencontrer justement dans ce but.

— En somme, le titre, ou le sous-titre, c'est *L'Encyclopédie*, dit Bensi, changeant de ton, comme si jusque-là ils n'avaient fait que plaisanter et que la proposition de Quinto fût tout à fait déplacée. De toute façon, il faut faire comprendre, dès le titre, que nous tendons vers une phénoménologie générale qui intègre toute forme de conscience en un discours unique.

Sur ce point éclata le désaccord entre Bensi et Cerveteri, et Quinto ne savait pas très bien de quel côté se ranger. Puisque tout s'intégrait en un discours unique, la revue devait-elle accueillir seulement ce qui était compris dans ce discours général ou bien aussi ce qui en était encore exclu ? Cerveteri se déclarait pour tout ce qui demeurait à l'écart :

— Moi, j'aimerais faire une rubrique de rêves d'hommes politiques. Invitons des personnalités politiques diverses pour qu'elles racontent leurs rêves. Celui qui refuse a quelque chose à cacher.

Bensi fut saisi par un de ses rires nerveux : il baissait la tête jusque sur la nappe, presque, et mettait une main devant ses yeux, comme pour exprimer son amusement douloureux à voir son interlocuteur se perdre en un labyrinthe dont lui seul, Bensi, connaissait l'issue.

— Nous devons procéder de l'idéologie au rêve, non du rêve à l'idéologie.

Et, comme saisi par un accès de méchanceté, il ajouta :

— L'idéologie embroche tes rêves comme des papillons transpercés par des épingles...

Cerveteri le regarda ahuri :

— Des papillons ? Pourquoi as-tu dit des papillons ?

Bensi était un philosophe, Cerveteri un poète. Ce dernier, qui grisonnait précocement, avait un long visage à lunettes où la mélancolie de certains traits israélites était estompée par d'autres, florentins, tant plébéiens que savants : il en ressortait une physionomie à mi-chemin entre agressivité et concentration, mais fondamentalement inexpressive, un peu comme celle d'un cycliste ou de quelqu'un qui essaie de se concentrer sur un point qui se trouve à l'intérieur de tous les autres points sur lesquels on peut se concentrer.

— Pourquoi as-tu dit des papillons ? J'ai rêvé d'un papillon, cette nuit. Un papillon de nuit. On me donnait à manger un grand papillon de nuit, sur une assiette, ici, dans ce restaurant !

Et il fit un geste, comme pour soulever de l'assiette une aile de papillon.

— Oh, mon Dieu ! dit la jeune serveuse qui était venue prendre la commande des desserts ; et elle s'enfuit.

Bensi se mit à rire avec une amertume accentuée, comme s'il était las que ses adversaires baissent complètement les armes devant lui.

— Tout symbole onirique est une réification, dit-il. Voilà ce que Freud ne pouvait pas savoir.

Quinto admirait beaucoup chez l'un comme chez l'autre l'intelligence toujours en alerte (son propre cerveau, au contraire, tendait souvent à tomber en une somnolence indifférente) et il se sentait intimidé face à l'ampleur de leurs connaissances et de leurs lectures. Indécis sur le parti à prendre dans la discussion entre eux, dont il ne percevait que vaguement les termes, il choisit, comme d'habitude, celui qui semblait aller contre ses inclinations les plus spontanées, c'est-à-dire la rigide mécanique philosophique de Bensi, contre son attirance pour les sensations impalpables de Cerveteri. Et il dit à Bensi, ironiquement et en riant sous cape du poète :

— Mais alors, pourquoi ne pas l'intituler tout court *Le Jeune Freud* ?

Le philosophe continua à rire comme il avait ri auparavant avec Cerveteri et n'adressa à Quinto qu'un signe de la main, pour chasser sa boutade comme une mouche. En revanche, celle-ci avait plu à Cerveteri qui la reprit avec vivacité :

— C'est vrai, c'est vrai ; moi, je l'intitulerais *Éros et Thanatos*, pourquoi pas ? *Éros et Thanatos* !

Bensi joignit les mains et les serra jusqu'à les faire craquer, tandis que son visage se contractait en un rire caché et s'empourprait.

— Tu crois qu'ils peuvent, eux, mettre en échec l'Histoire ! Il n'y a ni Éros ni Thanatos d'où la dialectique ne sorte comme un petit diable, en faisant coucou — et de rire.

Il avait un visage rond et angélique, Bensi, comme ces montagnards qui ne deviennent jamais complètement adultes ; son front était fortement bombé, sous l'onde enfantine des cheveux frisés, et tendu au point qu'il semblait éclater — et il y apparaissait même, par endroits, de minuscules éraflures, des égratignures, de petites bosses, comme si la force de la pensée le faisait se cogner partout —, et il l'avançait, ce front, tête baissée, comme s'il s'agissait d'une meule sans cesse en train de broyer ou d'une roue dentée qui déclenchait le mouvement d'engrenages compliqués, poussée par une force motrice pas assez canalisée ni amortie, qui se dispersait en mille vibrations secondaires, comme, par exemple, un tremblement continu des lèvres. Au cours de la discussion, le regard de Quinto passait alternativement des yeux de Bensi à ceux de Cerveteri. L'un et l'autre louchaient, mais le philosophe louchait vers l'extérieur, avec un œil qui semblait s'envoler derrière les idées au moment où elles allaient disparaître hors du champ de la vision humaine, dans la direction la plus oblique et la moins reconnaissable ; le poète, en revanche, louchait vers le dedans, avec des pupilles rapprochées et inquiètes qui semblaient soucieuses de vérifier, à chaque sensation extérieure, ce que celle-ci pouvait produire dans la zone la plus intérieure et secrète.

— Nous ferons une anthologie de petites annonces nécrologiques, dit Cerveteri, une rubrique fixe, à chaque numéro, ou bien un numéro entier avec, exclusivement, des annonces nécrologiques, du début à la fin.

Et de son doigt il parcourait le journal replié qu'il tenait à la main, sur la colonne zébrée de barres noires des annonces funéraires.

Bensi haussa les épaules.

— Nous sommes à la veille d'enfermer la conscience universelle dans un cerveau électronique.

Cerveteri répondit par une longue citation latine.

— Saint Augustin ?

— Lactance.

Quinto était devenu distrait : il tendait l'oreille pour écouter ce qu'on disait aux tables voisines. À sa droite était assise une famille ou bien des personnes appartenant à deux familles différentes, de la campagne, qui se rencontraient en ville. C'était une femme qui parlait : des dégâts faits par les pluies aux prés à fourrage. Ce devait être une propriétaire, une femme plus très jeune mais encore célibataire ; les hommes, avec des figures avinées déjà somnolentes après le repas, acquiesçaient à ses paroles. C'était peut-être une rencontre entre agriculteurs de différents villages pour se mettre d'accord sur un mariage ; la fiancée, devant la famille du futur époux, tenait à faire la démonstration de ses compétences, comme pour écraser les autres femmes, en montrant qu'elle était plus qu'une simple ménagère. Quinto fut saisi d'une envie aiguë pour tout ce qu'il sentait circuler entre les gens à cette table : le sens des intérêts, l'attachement aux choses, les passions concrètes et sans vulgarité, le désir d'une amélioration qui n'était pas uniquement matérielle et, en même temps, une tranquillité massive et assez pesante par nature. « Autrefois, seuls ceux qui jouissaient d'une rente agraire pouvaient faire les intellectuels, pensa Quinto. La culture paie très cher de s'être libérée de sa base économique. Elle vivait auparavant sur le privilège, mais elle avait des racines solides. Aujourd'hui les intellectuels ne sont ni bourgeois ni prolétaires. D'ailleurs, Masera lui-même n'est capable que de me demander une conférence. »

À une autre table, une serveuse jouait la coquette avec deux personnes qui plaisantaient, deux types avec des nœuds papillons, aux mains baladeuses. Entre deux mots d'esprit qu'ils lui adressaient, ils échangeaient entre eux des répliques, des phrases de « points », de « reports », « Italgas », « Finelettrica ». C'étaient sans doute des boursiers, des gens prompts. En une autre occasion, Quinto les aurait trouvés éloignés de lui et détestables, mais à présent, dans son état d'esprit actuel, il avait l'impression qu'ils incarnaient, eux aussi, son idéal : le caractère pratique, la ruse, la fonctionnalité rapide des pensées.

« Si on n'a pas une activité économique, on n'a aucune valeur. Les prolétaires ont toujours, malgré tout, la lutte syndicale. Nous, au contraire, nous séparons les perspectives historiques des intérêts et nous perdons ainsi le goût de la vie, nous nous défaisons, nous ne signifions plus rien. »

Cerveteri avait recommencé à raconter son rêve :

— C'était un papillon de nuit, avec de grandes ailes aux dessins gris, minuscules, moirés, ondulés, comme la reproduction en noir et blanc d'un Kandinsky, non, d'un Klee ; j'essayais de soulever avec la fourchette ces ailes d'où ruisselait une poudre fine, comme du talc gris, et elles s'effritaient sous mes doigts. Je tentais de porter à ma bouche les fragments de ces ailes, mais, au contact de mes lèvres, elles devenaient une sorte de cendre qui envahissait tout, qui recouvrait les assiettes, se déposait sur le vin dans les verres…

« Ma supériorité sur eux, pensait Quinto, c'est que moi, j'ai encore l'instinct du bourgeois qu'ils ont perdu dans l'épuisement de dynasties intellectuelles successives. Je m'attacherai à cet instinct et je me sauverai, alors qu'ils finiront en miettes. Il faut que j'aie une activité économique ; vendre mon terrain à Caisotti, ça ne suffit pas, je dois me mettre moi aussi à bâtir, avec l'argent que va nous donner Caisotti je construirai une autre maison près de la sienne… » Il concentra ses pensées sur les capacités immobilières que le terrain pouvait encore offrir, sur les combinaisons possibles…

Les mains de Cerveteri bougeaient, suspendues au-dessus de la nappe encombrée par des miettes et des bouts de pain, des cendres de cigarette et des mégots écrasés dans les assiettes et dans le cendrier, des écorces d'orange que les ongles de Bensi avaient cruellement marquées de petites coupures en demi-lune, des allumettes Minerva que les doigts de Cerveteri avaient démembrées et divisées en minces filaments, des cure-dents que les mains et les dents de Quinto avaient tordus en zigzag ou en grecque.

« Il faut que je m'associe avec Caisotti, que je prépare une spéculation avec lui. »

VIII

Quinto avait un plan. Il avait pensé à la « pièce aux myosotis », c'est-à-dire au morceau de jardin immédiatement au-dessus du terrain en vente, appelé ainsi parce qu'il portait au centre un parterre de ne-m'oubliez-pas. C'était un terrain plat, dont la surface égalait approximativement celle du terrain de la poterie : on pouvait très bien construire là aussi un petit immeuble de trois ou quatre appartements. Mais, en y réfléchissant, il se rendit compte que la pièce aux myosotis perdrait toute valeur de terrain à bâtir lorsque Caisotti aurait édifié son immeuble : la loi interdisait de construire des maisons adossées l'une à l'autre. « Évidemment, quelque morceau de terrain que nous vendions, nous dévaluons le morceau qui se trouve à côté. Pour ne pas y perdre, il n'y a qu'une solution : bâtir en même temps que Caisotti... Céder à Caisotti toute la surface de la poterie et des myosotis pour construire un unique grand édifice... et demander en paiement un certain nombre d'appartements dont nous resterons propriétaires. Il faut en parler tout de suite à Ampelio. »

Quinto et son frère habitaient dans des villes différentes. Ils se rencontraient rarement, dans la maison maternelle de ***. C'est là qu'ils s'étaient donné rendez-vous pour se mettre d'accord sur la vente du terrain.

— J'ai un plan, dit Quinto à son frère.

Ampelio venait juste d'arriver. Sur le chemin entre la gare et la villa, il était passé au marché au poisson et avait acheté deux cents grammes de berniques. Une fois à la maison, il avait embrassé hâtivement sa mère, en annonçant qu'il avait acheté les berniques. Depuis six mois, il n'avait plus mis les pieds à la maison. Maître-assistant à l'Université, en chimie, il gagnait très peu d'argent, mais ne venait presque jamais voir sa mère, pas même pendant les vacances. Autrefois, Ampelio était beaucoup plus lié que Quinto à *** ; à présent on ne l'y voyait plus, il semblait avoir perdu plaisir à fréquenter les lieux qu'il avait préférés, dans son ancienne vie, et on ne connaissait rien de ce qu'il aimait maintenant, sauf quelques petites manifestations soudaines, comme avec les berniques, dont on ne savait d'ailleurs pas jusqu'à quel point elles étaient sincères.

Quinto commença à l'informer des pourparlers avec Caisotti. Ampelio passa à la cuisine et Quinto, tout en parlant, le suivait. Ampelio déroula le cornet de berniques, prit un citron, un couteau, ouvrant les portes et les tiroirs du buffet avec des gestes sûrs, comme quelqu'un qui aurait laissé, la veille, chaque chose à sa place. Il coupa le citron, en aspergea les berniques sans les ôter du papier du poissonnier, fit un geste d'invite à Quinto. Quinto se défendit avec vivacité — il n'aimait pas les fruits de mer — et continua de parler.

Ampelio ne disait rien et ne faisait pas le moindre signe d'assentiment ou de refus. Quinto, de temps en temps, s'interrompait, croyant que l'autre ne l'écoutait pas. « Et alors ? » disait son frère, et Quinto reprenait comme si de rien n'était, parce que cette façon d'agir d'Ampelio était restée toujours la même, depuis leur enfance. Sauf que, à cette époque, Quinto se mettait en colère, parce qu'il était l'aîné ; par la suite, il s'y était habitué. Ampelio s'était placé devant la table de la cuisine couverte d'une toile cirée, sans ôter l'imperméable ni l'écharpe qu'il portait malgré le printemps avancé. Il avait une barbichette noire, des lunettes épaisses qui ne laissaient pas percer son regard et une calvitie précoce. Quinto le regardait pendant qu'il arrachait les mollusques avec la pointe du couteau, qu'il soulevait d'une main la coquille barbue d'algues jusqu'à sa bouche, et voyait le corps mou du coquillage disparaître entre ses lèvres encadrées par la barbichette noire, avec un bruit dont on ne comprenait pas s'il était aspiration ou souffle ; puis il plaçait les coquilles vides l'une sur l'autre, en les empilant.

Quinto avait déroulé un plan. Ampelio y jeta un regard hâtif, tout en mâchant. La bouche de son frère, dans les poils de la barbe, semblait à Quinto un oursin renversé, en train de bouger au milieu des piquants noirs. Il avait raconté où en étaient les choses : les pourparlers, les informations sur l'entrepreneur. Puis il dit, en montrant les zones sur le plan :

— Et maintenant, écoute-moi : une construction sur la surface a exclut toute possibilité de vente ou de construction sur la surface b. En vendant donc à Caisotti la surface a pour sa valeur de terrain édifiable x, nous privons le terrain b de sa valeur de surface édifiable y. Donc, pour le prix x nous nous privons de la valeur $x + y$. Autrement dit, nous possédons actuellement $a + b$; quand nous aurons vendu la surface a nous ne pourrons disposer que de $b - y$.

Il ruminait ce discours d'algèbre dans sa tête depuis plusieurs jours, en vue de le tenir à son frère, qui était un scientifique.

Ampelio se leva, se dirigea vers l'évier, but au robinet, se rinça la bouche, cracha et dit tout aussitôt :

— Il est évident que nous devons utiliser le terrain de la poterie comme un capital à investir dans une construction à nous sur celui des myosotis. Et comme l'édification de deux immeubles si proches l'un de l'autre est défendue, il va falloir étudier le projet d'un seul grand immeuble qui s'élèverait sur les deux pièces de terre, celle de la poterie et celle des myosotis, et dont Caisotti bâtirait une moitié pour lui et l'autre pour nous.

C'était autour de ce plan que roulaient les pensées de Quinto comme autour d'un enchevêtrement embrouillé, et là, à l'entendre énoncer d'un seul souffle par Ampelio, comme une conséquence tout à fait naturelle, il ne savait plus que dire. Ampelio commença à remplir de calculs les marges du plan. De temps à autre il demandait des données à Quinto, qui ne savait jamais fournir de réponses précises. Quelle était la hauteur limite fixée par la mairie ? Combien d'appartements voulait y loger Caisotti ? Quel était le prix du ciment ? Quinto comprenait que son frère ne s'y connaissait pas plus que lui dans ces questions de devis en bâtiment, mais Ampelio hasardait des chiffres sur le papier avec une assurance que Quinto lui enviait beaucoup.

— Calculons huit appartements, plus deux magasins au rez-de-chaussée...

Il fit le calcul des loyers annuels, compta en combien d'années ils auraient amorti le capital...

— Et l'argent dont nous avons besoin tout de suite pour les impôts ?

— Nous prendrons une hypothèque sur la maison qu'on bâtira.

— Ahaha !

Quinto éclata d'un petit cri de dément. Ampelio, au contraire, ne perdait jamais contenance ; il ne riait pas, jamais une ride ne crispait son front aux tempes dégarnies. Mais pour lui, tout était toujours possible.

Leur mère s'approchait.

— Avez-vous fait les comptes, les enfants ? Ça tombe juste ?

— Parfaitement, parfaitement. Pourtant… nous y perdons quand même.

— Ah, ce Caisotti avec son air d'imposteur…

— Oh, le pauvre, il n'a rien à y voir. Ce n'est pas à cause de lui, mais nous y perdons quand même.

— Ne vaut-il pas mieux alors tout laisser tomber ? Mais oui, on n'a qu'à lui dire que nous avons changé d'avis, que pour le moment on ne veut pas vendre. Pour les impôts, nous demanderons encore à la banque…

— Non, non, maman, écoute. On était en train de dire qu'il faudrait proposer à Caisotti une affaire plus compliquée.

— Mon Dieu !

— Eh oui, très compliquée. Nous finirons par y gagner beaucoup, plus tard.

Quinto se penchait pour lui parler, en gesticulant, nerveux et polémique, essayant en même temps de convaincre et de provoquer la discussion. Ampelio était à côté de lui, grand et grave, avec sa barbichette noire dressée, et on aurait dit un magistrat qui doit communiquer une sentence.

— Maman, là où il y a les plates-bandes de myosotis…

IX

Quinto et Ampelio sortirent ensemble. Ils marchaient d'un pas pressé, en discutant, le long des rues qu'ils connaissaient, comme cela ne leur était plus arrivé depuis des années, et il leur semblait être toujours restés là, être deux frères très affairés, intégrés dans la vie économique de la ville, avec tout un réseau d'intérêts qui aboutissait à eux, gens pratiques et brusques, qui ne se fient qu'au concret. Ils jouaient un rôle et en étaient conscients : ils étaient tout à fait différents de ce qu'ils avaient l'impression d'être en ce moment ; avant la fin de la journée, ils retomberaient dans une aboulie sceptique et repartiraient, pour se renfermer l'un dans son laboratoire, l'autre dans les polémiques propres aux intellectuels, comme si c'étaient les seules choses qui comptassent au monde. Et pourtant, en ce moment, il leur semblait possible d'être aussi comme ça et que tout irait très bien, qu'ils seraient deux frères unis et solidaires, que tant de choses difficiles deviendraient faciles, qu'ils feraient de grandes actions, sans savoir trop lesquelles. Par exemple, maintenant, ils voulaient trouver Caisotti pour lui poser le problème, pour tâter le terrain, faire un sondage, lui demander ils ne savaient pas encore trop quoi, en somme : ce n'était pas la peine de faire tant de complications, pour le moment ils allaient voir ce que leur dirait Caisotti, puis ils décideraient ce qu'il fallait faire.

Caisotti n'avait pas le téléphone. Son bureau se trouvait dans un entresol, « Entreprise de construction Caisotti Pietro ». Les deux frères sonnèrent. Une jeune fille vint ouvrir ; c'était une petite pièce basse, avec une machine à écrire, des plans sur une table. Caisotti n'était pas là ; toujours en tournée, sur ses chantiers, il était difficile de le trouver dans son bureau.

— Quand revient-il ?

— Euh !

— Où pouvons-nous le trouver ?

— Essayez au café « Melina », en face, mais il est encore trop tôt.

— Nous devons lui parler tout de suite.

— Euh. Si vous voulez me laisser un message...

— Euh, euh, euh. Mademoiselle Euh.

Cette boutade était d'Ampelio, et Quinto fut étonné par ce ton sarcastique et confidentiel que son frère n'employait jamais en famille. Il leva son regard vers la jeune fille : elle était belle.

Elle semblait avoir seize ans et avait l'air de

venir de la campagne ; sanguine et laiteuse, elle avait des joues de pêche d'un rose soutenu, des yeux noirs aux cils touffus et deux tresses souples qui pendaient sur sa poitrine renflée.

— Ah, vous êtes les Anfossi, dit-elle.

« Le genre sournois, aussi fausse qu'une diablesse, songea Quinto, avec son petit nez retroussé et cet air de sainte-nitouche... »

Ampelio, après sa réplique qui aurait pu laisser croire à une intention imprévue d'entamer une conversation pleine de verve, retomba dans sa sécheresse habituelle, comme s'il en avait déjà trop dit, trop fait. Il demanda sur quels chantiers on pourrait trouver Caisotti, salua, fit demi-tour dans l'escalier étroit, descendit et eut encore, à la fin, un éclair inattendu de frivolité, en disant : « *Bye bye*. »

Quinto se retourna dans le petit escalier et vit que la jeune fille n'avait pas encore fermé la porte et regardait à travers ses cils avec un étrange sourire. Il lui sembla que derrière cette moue de villageoise, à travers ces yeux qu'on ne voyait pas, le regard indéchiffrable de l'entrepreneur parvenait jusqu'à lui.

Il essaya, chemin faisant, d'en parler avec son frère.

— Pas mal, la petite.

— Hum, fut la réponse d'Ampelio, comme s'il voulait éviter un discours inconvenant.

Ils se rendirent à l'un des endroits indiqués par la jeune fille, où l'entreprise construisait une maison, c'est-à-dire qu'elle surélevait une maisonnette préexistante à deux étages, dans une rue centrale, en comblant le vide entre deux immeubles.

Ils entrèrent. Tout était encombré par des entassements de ciment, mais personne qui travaillât. Il n'y avait pas encore d'escalier, les deux frères montèrent sur des planches disposées obliquement.

— Ohé ! Il n'y a personne ? Caisotti ! Caisotti Pietro ! *Y n'est pas là l'patron ? Oùsqu'il est l'patron ?*

Au milieu des murs neufs, l'écho retentissait.

Au deuxième étage il y avait deux manœuvres accroupis en train de taper sur des ciseaux, avec l'air de faire un travail inutile. Les deux frères s'arrêtèrent aussitôt de crier et demandèrent, presque à voix basse :

— Est-ce que Caisotti est là ?

Les maçons répondirent :

— Non.

— *Y l'est pas v'nu d'ancor ?*

— Qu'est-ce que vous dites ? (Ils étaient calabrais.)

— S'il est venu aujourd'hui.

— Nous ne savons pas.

— Y a-t-il un contremaître, ici ?

— Il est en haut.

Quinto et Ampelio montèrent.

À l'étage au-dessus, il y avait des murs mais ni sol ni plafond. Les portes ouvraient sur le vide. Les frères furent pris d'une sorte d'allégresse.

— Hou ! Hou ! criaient-ils en s'aventurant les bras tendus sur les échafaudages, comme des acrobates.

On entendit un raclement de semelles. Pour traverser une pièce il n'y avait sur le vide qu'une planche étroite, appuyée d'une ouverture à l'autre. Et là, en retrait dans l'embrasure d'une porte, comme s'il voulait rester caché, Caisotti les regardait.

Quinto et Ampelio, un peu honteux, se calmèrent.

— Ah, Caisotti, bonjour, bonsoir, justement, nous vous cherchions.

La grosse silhouette de l'entrepreneur s'encadra, en l'obstruant, dans la porte d'où partait la planche légère. Il restait les mains dans les poches sans faire aucun signe. Quinto avança de quelques pas sur la planche, puis, la sentant se courber sous ses pieds, parut hésiter ; il s'attendait que Caisotti fît quelque chose, qu'il mît au moins un pied de son côté pour la bloquer, mais il ne faisait ni ne disait rien.

En suspens au milieu, Quinto, pour dire quelque chose, reprit :

— Je vous présente mon frère Ampelio.

Caisotti ôta une main de sa poche, l'approcha de la visière de sa casquette et la secoua la paume ouverte, à l'américaine. Quinto se retourna vers son frère, lentement, pour que la planche n'oscille pas ; et vit que son frère était en train de répondre au geste de Caisotti par un geste identique, l'un comme l'autre avec beaucoup de sérieux.

— N'allez pas par là, vous tomberiez, dit lentement Caisotti. Descendez, je vous rejoins.

Ils allèrent au café « Melina ». Ils s'assirent à une table sur le trottoir, il y avait du bruit. Caisotti voulut offrir la tournée.

— Un *Punt e Mes* ?

Ampelio prit un *Punt e Mes*. Quinto, qui souffrait de l'estomac, prit un *Rabarbaro*, tout en étant convaincu que même le *Rabarbaro* lui ferait mal. Ampelio offrit une cigarette à Caisotti. Quinto ne fumait pas. Ampelio et Caisotti avaient tout de suite pris un ton parfaitement familier ; Quinto en était un peu jaloux.

Caisotti était en train de répéter à Ampelio tout ce qu'il avait déjà dit à la mère et à Quinto, intercalant toujours des « comme je l'ai dit à madame votre maman », « comme je l'ai dit à monsieur votre frère », et des « ce n'est pas à vous que je vais expliquer, monsieur l'ingénieur ». Ampelio avait un doctorat de chimie, mais ne fit aucune objection. Il écoutait sans bouger, la cigarette qui pendait au-dessus de sa barbichette noire, les yeux mi-clos derrière ses lunettes épaisses ; de temps à autre, il posait une question, mais avec finesse, comme entre gens qui se comprennent, et sans — d'après ce qu'il semblait — le souci qu'avait Quinto de se montrer expert et sur le qui-vive.

Sur une objection de Quinto, d'ailleurs, Caisotti, prenant aussitôt son ton plaintif, s'adressa à Ampelio comme s'il cherchait une protection.

— Vous comprenez que ce que dit monsieur votre frère...

— Mais pas du tout, mais pas du tout, Caisotti..., répliqua aussitôt Quinto, essayant d'arranger les choses.

Ampelio se borna à faire un geste horizontal en effleurant le plateau de la table, comme pour débarrasser le terrain de toute controverse accessoire et ramener la discussion à l'essentiel.

Caisotti voulait continuer à jouer la victime, mais il parlait avec moins de conviction. Il dit encore, toujours à Ampelio :

— Vous qui êtes le plus âgé...

— Non, écoutez, l'aîné c'est moi, répliqua Quinto, un peu vexé.

Mais Caisotti ne changea pas son attitude déférente à l'égard d'Ampelio.

— ... Et si vous me dites que de votre côté il vous faut un espace isolant entre les murs, moi je vous fais un bel espace isolant.

Ampelio dit :

— L'espace isolant, c'est à vous qu'il est utile, pour ne pas avoir d'humidité au rez-de-chaussée.

— Oui, c'est à moi qu'il est utile, mais vous savez bien que moi, même sans espace isolant, le rez-de-chaussée je le vends quand même, tandis que si vous, par contre, mettons, un jour, vous voulez bâtir tout près, l'espace, ça vous arrange.

Quinto regarda Ampelio. Il soufflait lentement la fumée. Il attendit que la fumée se fût éloignée dans l'air et dit :

— … Et si nous bâtissions ensemble ?

Les doigts de Caisotti imprimèrent un mouvement imperceptible au mégot de la cigarette, pour faire tomber la colonne de cendre ; ses yeux étaient devenus aqueux, comme ceux de quelqu'un qui regarde au loin pour éloigner un sentiment de trouble caché, mais en même temps avec une pointe aiguë, un épaississement des rides aux coins des paupières.

— Je vous dirai que nous pourrions nous mettre d'accord de façon à être tous satisfaits, dit-il.

X

Ampelio était d'avis qu'il ne fallait donner aucune valeur aux informations négatives sur Caisotti.

— Tu sais comment c'est à ***. Quelle que soit la personne dont on parle, on n'entend que des potins. Quelqu'un qui s'installe ici pour débuter, qui réalise des affaires et fait son bout de chemin, tout le monde lui casse du sucre sur le dos.

Comme un fait exprès, Canal :

— Vous associer avec Caisotti ? Vous ? Votre mère ? Avec ce goujat, cet escroc, ce type sans morale… Qui se traîne cette secrétaire…

— Ah, cette fille… Nous l'avons vue, dit Quinto, tout à coup distrait et animé d'une curiosité facile. Pourquoi ? Qu'y a-t-il ? On dirait une paysanne…

Et il regarda son frère comme s'il lui demandait une confirmation ; Ampelio lui lança un coup d'œil, comme pour dire : « Je te l'ai bien dit, comment ils procèdent… »

— Et c'en est une, dit Canal. Il l'a emmenée avec lui de son village. En laissant là-bas sa femme et ses enfants…

— Et tu penses que…

— Moi, je ne pense rien. De leurs affaires je ne sais rien et je ne veux rien savoir. Il y a bien d'autres choses qui ne cadrent pas, autour de lui…

Quinto avoua l'impression qu'il avait ressentie auparavant : qu'une ressemblance, ni physique ni extérieure, et pour cela donc plus inquiétante, semblait lier ces deux personnes si différentes : la jeune fille aux tresses et Caisotti.

— Tu sais, je crois que tu es sur le bon chemin…

— Mais qu'est-ce que tu dis ?… Parce que, tu sais, penser que lui… avec une fille qui doit avoir à peu près seize ans, lui qui pourrait être son père…

— Eh ! Certes, il est le père de pas mal de monde. Il a dû quitter son village parce qu'il avait rempli toute la vallée d'enfants naturels.

— Ce serait une de ses filles naturelles, crois-tu ? dit Quinto, mais il sentit que le moment était venu de réagir à cette curiosité cancanière et de montrer qu'il était un homme d'expérience, éloigné des préjugés de la province. Et quand même elle le serait, qu'y a-t-il de mal ? Il a une fille naturelle, très bien, et au lieu de l'abandonner il la fait travailler, il la garde avec lui. Qu'est-ce que vous avez à le tourmenter ainsi ?

— Euh ! Moi, je ne sais rien.

— Et si au lieu de sa fille, c'était sa maîtresse, alors, qu'y aurait-il de mal ? Il aime les fillettes, elles sont d'accord... Mais vous vous perdez encore dans de telles subtilités, ici ?

— Moi ? Moi je m'en fiche... Si c'est sa fille, c'est ses affaires... Et même si c'est sa gonzesse... Et si elle est les deux à la fois...

— Si nous revenions au contrat ? demanda Ampelio.

C'était un bel après-midi, de soleil et de vent, qui donnait envie de faire de grandes choses. Après avoir quitté Caisotti, les deux frères étaient allés voir l'avocat. Ils avaient dû attendre parce que Canal était en plein dans ses heures de réception ; mais l'attente n'avait pas fait décroître l'excitation des deux frères qui avaient continué, assis dans l'antichambre, à peaufiner leurs projets, en un dialogue de phrases hachées, pour que les autres clients, qui attendaient eux aussi, ne comprennent pas. De l'étude parvenaient les cris d'une querelle en dialecte : Canal avait hérité d'une vieille clientèle de campagne, de petits propriétaires plongés avec acharnement en de mesquines et interminables querelles de testaments et de bornages. Pour la première fois, Quinto ne se sentit plus coupablement étranger à ce monde ancestral, mais comme s'il faisait partie d'un autre monde, d'où il pouvait regarder le précédent avec ironie et supériorité : le monde des gens nouveaux, sans préjugés, habitués à manier l'argent.

Mais Canal, au contraire, dès qu'il avait pris connaissance du projet, avait bondi de son fauteuil.

— Mais vous êtes fous ! Avec Caisotti ! Il va vous rouler dans la farine !

Quinto sourit.

— Doucement, il reste à voir qui se fera rouler... L'affaire est tout à notre avantage...

— Oui ! Et il est même d'accord ! Pensez donc !

Quinto continuait de sourire.

— Il est d'accord. Nous lui en avons déjà parlé.

— Mais vous êtes fous ! Une société avec Caisotti ! Vous ! Votre mère !

Et cætera.

— Écoute-moi bien, dit Quinto.

Et tout en donnant ses explications à Canal, il avait pris une expression de patience indulgente, comme un père qui croit avoir encore affaire à des enfants alors qu'on est devenus des hommes ; et, bien entendu, ce ton sert à masquer, mais pas tout à fait, une pointe de colère parce qu'on n'est pas suffisamment pris au sérieux.

Quinto expliqua que Caisotti était disposé à payer les deux terrains contigus, une partie en argent (ainsi pourraient-ils régler les impôts), l'autre en appartements (ainsi un de leurs biens improductifs se transformait en une source lucrative de revenus, sans aucune dépense). Devant les objections de Canal, Quinto semblait s'amuser de plus en plus, il cherchait même à le provoquer : tout obstacle qui se présentait rendait le jeu plus difficile et passionnant, et mettait à l'épreuve la virtuosité de chacun. Quinto éprouvait beaucoup d'estime et de confiance envers Canal, cela lui faisait plaisir de lui donner à débrouiller justement une question si compliquée pour voir comment il allait s'en sortir. Ampelio, au contraire, était agacé par les perplexités de l'avocat, il les prenait pour des actes de défaitisme et intervenait brusquement, presque irrité, non parce qu'il faisait confiance à Caisotti ou parce que leur plan lui semblait parfait, mais parce que les scrupules de l'avocat contrariaient le rythme, expéditif, presque agressif avec lequel il s'était plongé dans cette affaire, et il était persuadé qu'il fallait la réaliser ainsi, avec décision, comme des personnes qui mettent sur pied de telles combinaisons dix fois par jour, en les laissant ensuite aller d'elles-mêmes, ou bien on s'embarquait dans les « si » et les « mais », et c'étaient des ennuis à n'en plus finir, au point qu'il valait mieux alors, tout compte fait, oui, il valait mieux n'en rien faire.

Il s'était levé, il fumait, il semblait être devenu, par la sécheresse de ses répliques, plus pessimiste que Canal et parlait plus fort que Quinto. Celui-ci, ne se sentant plus épaulé par son frère, commença à hésiter : certes, si les chances contraires étaient si nombreuses, il valait peut-être mieux se retirer, se replier sur la simple vente du terrain de la poterie et rien d'autre.

Mais non ; Canal, désormais, étudiait les clauses d'un contrat adéquat et commençait à prendre goût à prévoir toutes les non-exécutions possibles de l'entrepreneur et à s'en prémunir avec les clauses les plus compliquées, des cautions, des blocages, des garanties en tout genre. Il allongeait et tordait son visage en grimaces et écarquillements, grattait sa chevelure en désordre, constellait de notes les feuillets éparpillés devant lui.

— Je vais vous en faire un, moi, de contrat exprès pour Caisotti, un contrat dont il ne pourra pas s'écarter d'un millimètre... un contrat d'où il ne pourra pas se tirer même en pensée...

Il ricanait, se mettant presque en boule dans son fauteuil à la seule idée d'un contrat aussi piquant qu'un hérisson.

Puis, avec un haussement sceptique des épaules :

— Pour autant que ça serve, les contrats, évidemment.

XI

Alors commença l'époque des dessins, des calques, des devis. L'homme indispensable était maintenant l'architecte, Travaglia.

Travaglia était un des architectes les plus occupés de *** et il ne pouvait accorder à Quinto et Ampelio que des entrevues hâtives et agitées, entre un déroulement continu sur le sol de plans de constructions, des appels au téléphone, des réprimandes à l'adresse de ses géomètres.

Travaglia ne travaillait que par saccades, tantôt jetant des ordres, tantôt traçant des lignes avec sa règle pour tout changer, et il levait de temps à autre son regard clair, souriait, laissait tomber les bras le long de son corps massif, saisi d'un sentiment de calme parfait, comme s'il disposait, devant lui, d'un temps infini d'oisiveté. Il se perchait, tout gras qu'il était, sur le haut tabouret devant la table à dessin, et il riait, le regard lointain.

— Mais savez-vous, mes chers Anfossi, ce que veut dire un cahier des charges ?

Il jouait les protecteurs, mais avec dérision et sournoiserie, et était en même temps un peu embarrassé envers ses deux amis. Il avait été camarade de classe d'Ampelio, mais était en meilleurs termes avec Quinto. (Ampelio, au fond, ne savait se lier d'amitié avec personne.) De famille modeste, orphelin, autodidacte, il avait rejoint les adolescents de son âge au lycée après avoir étudié tout seul. À présent c'était un homme arrivé et il comptait parmi les personnes les plus influentes de ***. Sa corpulence ainsi qu'une calvitie précoce lui conféraient une allure d'homme mûr : un aspect d'autorité dont, à coup sûr, il tirait profit. Les frères Anfossi, qui vivaient au loin et avaient du mal à joindre les deux bouts, visant de confuses ambitions en dehors de sa sphère d'action, représentaient pour Travaglia des manières d'entendre la vie qu'il avait écartées dès le départ : l'art, la science, jusqu'aux idéaux politiques. Et qu'il avait bien fait d'écarter ! se répétait-il, en regardant les Anfossi, toujours au même point, sans position aucune, Quinto, sans le sou et bon à rien, Ampelio, un rond-de-cuir des laboratoires universitaires qui parviendrait à soixante ans au professorat ; en somme, pas de doute possible, c'étaient deux ratés ; en les regardant, il se sentait plus que jamais satisfait de lui-même et affichait vis-à-vis d'eux sa morale d'homme qui ne s'occupe que du concret, des choses pratiques. Mais il y ajoutait un surplus de passion : la présence des

Anfossi lui communiquait toujours une certaine irritation polémique ; « car, au fond, les pauvres, je les aime bien, se disait-il, je suis au fond le seul qui les comprenne ». Il s'était inscrit récemment au parti de la majorité et il y avait occupé, tout de suite, une place éminente à l'échelon local. Quinto, qui avait connu Travaglia comme le mécréant qu'il avait été pendant sa jeunesse et doutait qu'il pût avoir trouvé le temps et le loisir d'une crise religieuse, jugeait que, malgré tout, son inscription chez les démocrates-chrétiens était cohérente avec la règle que l'architecte s'était imposée comme nécessaire, y compris avec son souhait de travailler toujours plus, de faire valoir ses compétences, d'assumer des responsabilités : toutes passions qui étaient, donc, dignes d'éloges ; et, contrairement à son frère, il faisait de grandes louanges de Travaglia.

Ils regardaient à présent certains comptes. L'architecte leva la tête et contempla les deux frères, puis éclata en un de ses rires las et silencieux.

— Mes chers Anfossi, à quoi bon tout ça ?

— Ça suffit, nous avons compris, Enrico. Tu en as assez pour aujourd'hui. Nous reviendrons demain. Ce problème, nous essaierons de le résoudre nous-mêmes.

Ils se dirigèrent vers la porte.

— Nooon ! les rattrapa l'architecte. Vous pensez bien que je ne vous laisserai rien faire tout seuls ! Caisotti, il ne ferait qu'une bouchée de vous, mes petits agneaux. Revenez, on va tout reprendre.

Il fallut envoyer le géomètre chez Caisotti pour lui demander un éclaircissement au sujet de quelque chose marqué sur le plan. Le bureau de Caisotti n'était pas très loin de celui de Travaglia. Le géomètre revint en disant :

— Caisotti n'est pas dans son bureau. J'ai demandé à la demoiselle…

— La demoiselle…

Travaglia commença à ricaner.

— La demoiselle dit qu'elle ne sait rien.

— Elle ne sait même pas où elle a… mais si, elle était là quand nous l'avons vu ! Va, retournes-y, dis-lui que c'est là, sur la table, ça y était ce matin, ça doit bien s'y trouver encore.

Ampelio, alors qu'il était assis, en silence et l'imperméable sur le dos, le menton baissé et la barbe sur la poitrine, se leva et dit : « J'y vais, moi », ouvrit la porte et disparut.

Travaglia eut son rire muet, le regard dans le vide, comme pour signifier quelque chose que les mots ne pouvaient exprimer.

Quinto n'avait pas très bien compris. Après quelques instants, il répliqua :

— Mais quoi, tu penses qu'Ampelio va là-bas pour…

— Quoi donc ? répondit l'architecte, l'esprit déjà ailleurs.

Ils commencèrent à vérifier les calculs.

Une vingtaine de minutes plus tard, Ampelio

était de retour. Il se tenait là, figé, sans rien dire.

— Et alors ?

— Il faut aller voir sur le terrain. Sur le plan c'est faux.

Ils finirent par y aller tous les trois. Le terrain de la poterie et celui des myosotis étaient sens dessus dessous ; leur mère avait commencé à faire déplacer les plantes. C'était une belle journée, les feuilles et les fleurs, sous le soleil, prenaient un aspect de joyeuse luxuriance, aussi bien les plantes que les mauvaises herbes ; Quinto avait l'impression de ne s'être jamais aperçu qu'une vie si dense et variée foisonnait sur ces quatre arpents de terre et maintenant, à l'idée que, là, tout devrait mourir et qu'un château de piliers et de briques y pousserait, il fut pris d'une tristesse, d'un amour, même pour les bourraches et les orties, qui était comme un repentir. Les deux autres, en revanche, semblaient tout bonnement se réjouir de ce moment ; l'architecte portait un chapeau, mais il eut chaud et le prit à la main ; sur le front, il avait gardé la marque d'un sillon rouge de transpiration ; mais bientôt le soleil tapant sur sa tête chauve le gêna et il remit son chapeau, à peine posé sur le sommet du crâne, ce qui lui conférait un air endimanché, d'homme en goguette. Son frère avait enfin ôté son imperméable hors saison ; et il le portait, bien plié, sur une épaule. Ils allaient et venaient pour mesurer un angle du terrain. Quinto les laissait faire. L'architecte, tout en travaillant, se trouvait plongé dans un de ces moments de calme contemplatif qui le prenaient. Il écartait avec deux doigts les plantes, tout en les observant. « Et ça, c'est quoi ? » demanda-t-il à Ampelio. Ampelio lui répondit sur le ton du connaisseur et presque en expert. Quinto en fut étonné, car il ne s'était jamais rendu compte que son frère se fût intéressé aux plantes.

Les dahlias frémirent dans une file de pots ; et qui apparut donc, se frayant un chemin ? La jeune secrétaire de Caisotti avec ses tresses noires. Elle se pencha, avec ses yeux dont on ne voyait que les cils ; elle portait un « p'tit tailleur » en tissu gris.

— Ah, ces messieurs sont là ? Je cherchais M. Caisotti, il devait venir ici…

— Bien sûr que nous sommes là, dit Quinto, c'est encore à nous, ici, jusqu'à preuve du contraire, le contrat n'a pas encore été signé !

Pour une raison ignorée, il s'était mis en colère.

— Je n'en sais rien… Il avait dit qu'il viendrait avec un monsieur…

Elle s'arrêta, mit devant sa bouche une enveloppe qu'elle avait à la main, elle feignait l'embarras, comme si elle en avait trop dit, mais restait là, toute droite, dans sa petite veste.

— Dis donc, il n'a pas encore acheté le terrain et il veut déjà vendre les logements…, dit Quinto, se tournant vers les deux autres, d'un air dénonciateur, mais aussi avec admiration.

Travaglia et Ampelio ne semblaient pas suivre ses propos.

Ils étaient tournés vers la jeune fille. L'architecte demeurait la tête penchée d'un côté, les yeux mi-clos et la bouche ouverte en un de ses sourires las. Ampelio, avec un doigt passé dans le gousset de sa veste, l'imperméable drapé de travers sur une épaule, ses lunettes qui ne laissaient pas percer son regard, semblait sorti du XIXe siècle. Il allongea la main vers l'enveloppe que la jeune fille tenait et dit :

— Y a-t-il du courrier ?

La jeune fille, rapidement, cacha l'enveloppe derrière son dos, comme s'ils jouaient.

— Ce n'est pas pour vous, c'est pour M. Caisotti.

— Qu'y a-t-il de si urgent ?

— Euh, qu'est-ce que vous voulez que j'en sache ?

Et l'architecte :

— Le problème est qu'ici votre patron a fait des mesures à son avantage, le savez-vous ou pas ?

— Moi, non… Mais quand il y a une pente, on compte moins.

— Ah, ça, vous le savez ?

La jeune fille haussa les épaules.

L'architecte dit, en ricanant :

— Mais vous, Caisotti vous donne-t-il tous les matins des instructions sur ce qu'il faut dire ou seulement sur ce qu'il ne faut pas dire ?

Elle battit des cils, plaça ses tresses derrière ses épaules.

— Comment ça ? Caisotti ne me dit rien…

— Quel genre de secrétaire êtes-vous, alors ?

La conversation avait pris une allure de badinage. Ils allaient et venaient sur le terrain, avec cette jeune fille, là, au milieu, qui avait arraché une feuille et la serrait entre ses lèvres. Ampelio offrit des cigarettes à tout le monde, et d'abord à la jeune fille.

— Merci, je ne fume pas, dit-elle sur un ton plaintif, la feuille entre les dents.

— Une jeune fille sans tache…, la taquina l'architecte.

— Et alors ? dit-elle.

On entendit un bruissement sur la terrasse au-dessus et la mère surgit de la haie avec un grand chapeau de paille, des gants de jardinage et de longs ciseaux, pour couper des boutures de roses. L'architecte l'aperçut le premier et la salua en ôtant son chapeau.

— C'est vous, les enfants ? Qui est là en visite ? Ah, Travaglia, je suis heureuse de vous voir ! Vous êtes venu pour étudier les lieux ? Couvrez-vous, je vous en prie. Et qu'est-ce que vous pensez de ce beau projet ?

L'architecte remit son chapeau, en l'enfonçant soigneusement.

— Nous allons essayer de faire quelque chose de bien, madame, soyez sans crainte…

— Et qui est cette belle demoiselle ? Attendez,

je la reconnais, dit la mère, en baissant ses lunettes de soleil sur son nez. Oui, c'est Mlle Lina.

Quinto, sèchement, sans motif apparent, dit :

— Mais non, tu ne la connais pas…

— Mais si, mais si, insista la mère, elle est venue avant-hier prendre le projet de contrat, c'est Lina, la demoiselle de notre entrepreneur, c'est-à-dire de notre associé…

La jeune fille, qui, à l'apparition de la mère, s'était écartée d'un pas, regardant ailleurs, s'approcha de la haie et salua, avec son fausset dialectal :

— Oui, madame, bonjour, c'est moi, Lina, comment allez-vous ?

Les deux frères étaient agacés, ils voulaient couper court et ce fut Ampelio qui dit à l'architecte :

— Mais la pente, la pente, il doit bien exister une façon de la calculer, elle aussi, n'est-ce pas ?

Mais Travaglia continuait à s'adresser à leur mère :

— Vous vous occupez de vos fleurs, madame ?

— J'essaie de sauver ce qui peut l'être, Travaglia…

Chacun vaqua à ses affaires, la mère s'occupant de ses roses, l'architecte et les frères mesurant de nouveau un angle de terrain, la jeune fille, Lina, à l'écart. Mais Travaglia n'avait pas la tête à son travail ; il couvait son rire, puis lança, doucement :

— Vous êtes des misérables, les frères Anfossi, des misérables…

— Pourquoi ?

— Mais à quoi poussez-vous votre mère... ? Vous la poussez à appeler Caisotti son associé... associé avec votre mère, vous êtes des misérables...

— Enrico, mais tu es fou ! Nous ne l'avons jamais appelé ni fait appeler notre associé ! C'est elle qui s'est mise à dire ce mot « associé », maintenant, qui sait pourquoi, à l'instant. Associé : ce serait le comble ! Mais ça n'a rien à voir. Et puis c'est notre affaire à nous deux, une initiative qui vient de nous, et on se débrouille tout seuls...

— Vous êtes deux misérables...

Ils restaient là, mêlant dépit, sarcasmes et mesures ; ils entendirent des chuchotements et se retournèrent : près de Lina, Caisotti était apparu. Il lui disait quelque chose à voix basse avec la tonalité aiguë de la montagne, le visage en colère, ses traits, mous d'habitude, étaient tirés, et elle, avec la même tonalité, lui répondait en lui tenant tête. Il lui avait arraché l'enveloppe et parut furieux en lisant la lettre, ce qu'il fit deux ou trois fois, ânonnant la bouche ouverte, puis il enfonça la lettre et les mains dans les poches de son pantalon et commença à avancer sans saluer les autres. Quinto ressentit encore, au-delà de l'impression de brutalité et d'obstination que Caisotti venait de lui communiquer, cette légère absence de défense et la faiblesse que cet homme seul et ignorant, ennemi de tous, traînait avec lui. Il marchait les poings dans les poches, les traits tirés, avec des rides aux yeux, plus mal habillé que jamais, avec une petite veste étriquée et boutonnée sur la chemise de laine à carreaux, des pantalons en toile jaune sans forme, de vieilles chaussures maculées de chaux : on aurait vraiment dit, maintenant, un maçon, il ne lui manquait plus que le bonnet en papier journal.

La jeune Lina, qui n'avait pas avec lui — remarqua Quinto — son air habituellement réservé, mais une allure presque effrontée et querelleuse, le suivait maintenant à distance de quelques pas, avec un air un peu inquiet et cependant toujours querelleur, comme si elle nourrissait encore à son égard une colère qu'elle n'avait pas réussi à épancher.

Mais Caisotti, après sa déambulation nerveuse et hargneuse, se retourna vers les deux frères et les salua d'un signe de la tête, comme s'ils s'étaient rencontrés dans la rue.

— C'était pour mesurer de nouveau cet angle, Caisotti..., dit Quinto, en le regrettant aussitôt parce qu'il avait entendu le ton qu'il avait pris, comme pour se justifier d'être là, sur ce terrain qui lui appartenait encore.

Et alors, afin de corriger cette intonation, il devint agressif :

— Parce que les mesures que vous avez prises, savez-vous, c'est du beau, elles sont toutes fausses !

Caisotti avança en plissant les paupières comme s'il regardait Quinto dans le lointain ; ses paupières étaient empourprées, son œil liquide, ses lèvres humides, comme quelqu'un qui retient une grande colère, mais aussi comme un enfant qui peut éclater en larmes d'un instant à l'autre.

— Où est-ce que vous êtes encore allés chercher cette histoire ?

Il était évident qu'il n'attendait que ce moment pour donner libre cours à sa colère ; il cria :

— Allez faire votre métier et laissez-moi faire le mien !

— Un moment, Caisotti, excusez-moi, s'interposa Travaglia, en faisant un pas en avant, avec l'air de quelqu'un qui vient tout juste d'arriver, vous êtes entrepreneur et vous faites ce que fait un entrepreneur, moi je suis architecte et je fais mon métier. C'est clair ? Alors, écoutez...

Il commença à lui expliquer le pourquoi et le comment. Caisotti l'écoutait, mais secouait la tête, il regardait par terre, comme pour dire que oui, tout ce que l'architecte disait était sans doute exact, qu'il aurait pu s'entendre avec lui, mais que les frères, on ne savait pas ce qui leur passait par la tête ; eux, les frères, c'était clair, ils lui en voulaient.

— Mais pas du tout, Caisotti, écoutez bien..., reprenait l'architecte avec le sourire caressant et à moitié endormi de celui qui en a vu d'autres et sait qu'il faut laisser courir.

— Et moi, qu'est-ce que j'y peux, dites-le-moi, qu'est-ce que j'y peux..., disait Caisotti en écartant les bras.

Ses phrases devenaient de plus en plus plaintives, une jérémiade qui n'en finissait pas, et même dans la bouche de l'architecte les voyelles s'allongeaient, s'allongeaient, pour exprimer l'indulgence et la possibilité d'un compromis, à tel point qu'on aurait dit que tous les deux essayaient de s'endormir réciproquement.

Quinto se sentait exclu de ce jeu de flatteries vocales et voyait qu'il était même considéré, explicitement, comme quelqu'un qui compte pour rien, non seulement lui, mais sa famille tout entière, comme si le fait d'être propriétaire et d'avoir dicté les conditions de l'affaire, comme Quinto était convaincu de l'avoir fait, comptait pour rien. Et il n'arrivait pas à comprendre s'il était plus agacé à cause du ton employé par Caisotti à leur égard ou par celui de l'architecte. Voilà, c'était un de ces cas où Ampelio aurait dû intervenir, avec ses façons imprévues ; Quinto se tourna vers lui, mais ne le vit pas. Il se trouvait plus loin, sur le terrain, à un endroit où la végétation était touffue ; on l'apercevait de dos, une ombre noire à contre-jour, et devant lui se trouvait Lina, qui, de son petit air sournois, enroulait une de ses tresses autour d'un doigt. Ils parlaient à voix basse et lui, de temps en temps, avançait d'un pas et elle reculait. À un moment donné, toujours de dos, sans se retourner, comme s'il avait suivi jusque-là le discours de l'entrepreneur, Ampelio dit à voix très haute :

— Alors, Caisotti, comme vous voulez : nous sommes toujours prêts à tout envoyer promener.

L'accord peut être annulé et le contrat n'est pas encore signé.

— Comment ça, tout envoyer promener ? lança avec véhémence Caisotti d'une voix irritée et acrimonieuse comme auparavant, mais au milieu de son éclat il changea d'idée et y logea un rire.

Un rire à sa façon, assez laid : la bouche à peine ouverte, avec ses mauvaises dents, cherchant le regard des autres comme s'il lui fallait la confirmation qu'Ampelio venait de dire quelque chose de ridicule.

— Comment ça, promener ? Et alors, qu'est-ce que nous faisons tous là ?

Il riait.

— Nous sommes là pour nous mettre d'accord, n'est-ce pas ? Nous sommes là pour devenir amis et nous traiter en amis…

Voici que la mère faufila à nouveau sa tête à travers la haie.

— Vous parlez de tout envoyer promener, aïe, aïe, aïe… mes pauvres plantes, avec ce va-et-vient, ce va-et-vient…

Caisotti, à présent, gesticulait, riait, jouait l'homme expansif :

— Mais non, mais non, madame ! Nous sommes amis, nous faisons tout en vrais amis ! Rassurez-vous, madame, nous ferons du beau travail, bien net de votre côté… D'ailleurs, si vous voulez que j'apporte quelques améliorations dans le jardin, pendant qu'il y a les maçons…

— Non, non, des maçons dans mon jardin, il n'en est pas question.

— Et alors je les empêcherai d'entrer ! Nous ferons un passage là-devant.

— À propos, le mur qui donnera de notre côté, si vous pouviez prévoir une plante grimpante...

— Comment ? Ah oui, nous y mettrons de belles plantes, je suis prêt à faire tout comme vous le souhaitez, vous verrez que nous tomberons d'accord...

Avec ses mouvements désordonnés, il avait fait tomber un dahlia. « Il ne s'est même pas excusé », commenta ensuite la mère.

XII

Étrangement, à la signature du contrat, Caisotti ne fit pas d'histoires sur les points où on l'attendait, mais sur d'autres, peu importants, au sujet desquels il fut facile de déblayer les obstacles. Quinto en était même un peu déçu. C'était un contrat épineux, Canal et le notaire y avaient appliqué toute leur science, un contrat aussi enchevêtré qu'un buisson, qui comprenait tout le cahier des charges, les échéances pour le paiement de la somme en liquide garanti par une série de traites, les échéances pour la livraison des appartements achevés, le tout lié à une clause de « domaine réservé », à savoir que si l'entrepreneur était défaillant sur une partie quelconque du contrat, le terrain revenait aux propriétaires avec toutes les constructions engagées pendant ce temps, dans l'état où elles seraient. « S'il accepte cela, tu es dans une véritable forteresse », avait dit Canal à Quinto. Caisotti avait accepté, les avait laissés faire, il n'avait presque rien dit, comme si cette histoire de contrat était une formalité. Il était venu seul chez le notaire, sans avocat, sans personne, « pour faire des économies », commentèrent-ils, ou bien « parce que chaque fois qu'il a pris un avocat il a fini par se disputer avec ». Il y avait là les trois Anfossi, la mère et les fils, plus l'avocat et le notaire, tous les deux de leur côté, et ce ne fut que lorsqu'il entra dans l'étude (dont le climat devait déjà un peu l'intimider), avec tous ces gens instruits qui écrivaient noir sur blanc, que Caisotti jeta alentour un regard comme celui d'un animal qui se voit déjà en cage et essaie de reculer en sachant que ça ne sert plus à rien. Quinto, toujours prêt à le percevoir sous un jour favorable, se disait déjà en lui-même : « On dirait Daniel dans la fosse aux lions », mais cette façon de se l'imaginer dans le rôle de la victime ne l'amusait pas du tout : il avait besoin de le voir comme un lion, rebelle et sauvage, et eux tous, une fosse pleine de Daniels autour de lui, des Daniels vertueux et acharnés comme autant d'argousins qui le piquaient avec des clauses contractuelles fourchues.

Il prit une chaise près du bureau du notaire, Caisotti, avec les autres autour de lui assis ou debout ; il écoutait attentif, concentré, la lecture de l'acte des lèvres du notaire. Il gardait la bouche à demi ouverte, répétant en lui-même, par moments, une phrase de la rédaction, avec un mouvement muet des lèvres, et Quinto se demanda s'il n'était pas vraiment idiot. Pourtant il s'appliquait à ne rien laisser échapper et levait de temps à autre une de ses lourdes mains, « Ah… stop… », et le notaire répétait en scandant les mots. On aurait dit parfois que rien ne lui convenait, qu'il était convaincu qu'il s'agissait d'un grand piège à ses dépens, qu'il n'écoutait presque plus, au point que d'un instant à l'autre il se lèverait et dirait : « Mais vous êtes fous ! » et sortirait en claquant la porte ; mais il n'en faisait rien, il attendait que le notaire allât jusqu'au point à la ligne et esquissait un geste d'approbation et d'assentiment avec le menton. Parfois, en revanche, il avançait des objections, sur des détails auxquels personne n'aurait pensé, surtout des points techniques, comme une certaine histoire de gravillon, d'où naquit une discussion d'une demi-heure, parce que Ampelio aussi, on ne sait pour quelle raison de principe, s'obstina, bien que l'avocat lui eût dit de laisser tomber.

Quinto s'ennuyait et puisque tous étaient là, attentifs, il alla à la fenêtre regarder la rue sous le soleil printanier ; il cherchait à prendre goût à la ville, à cette affaire qui arrivait à bon port, mais il avait l'impression que tout était désormais conclu, que cette aventure de l'entrepreneur en bâtiment n'était plus qu'une question de bureaucratie et de discussions ennuyeuses. Il n'avait plus ni curiosité ni passion et espérait seulement que, dorénavant, elle serait suivie par son frère.

Les choses semblaient se diriger vers une conclusion facile et passer toutes sans accrochage et, dans le mouvement, Caisotti réussit à faire reporter l'échéance d'une traite, et même de deux traites sur les trois qui échelonnaient les versements de son règlement, et, de plus, à faire baisser le montant de deux cent mille lires. Mais au cours de ces pourparlers, l'avocat avait tendance à éviter les heurts, parce qu'il sentait que la situation était épineuse : il craignait que Caisotti fût conciliant sur les termes du contrat pour ensuite chicaner sur les « écritures privées ». Car, en même temps que le contrat (entièrement établi avec de faux chiffres, c'était l'habitude, à cause du fisc), il fallait signer des « écritures privées » où figuraient les chiffres réels et où était bien précisé le caractère de l'association avec Caisotti pour la construction de la maison, qui, dans le contrat, était tout entière à son nom. Pourtant, lorsqu'ils parvinrent aux « écritures privées », Caisotti se montra prêt à favoriser les Anfossi en tout et pour tout : il proposa lui-même des précautions pour que le fisc n'ait rien à leur reprocher. Et il faisait tout cela avec des petits rires malins et des clins d'œil, faisant naître autour de lui un bourbier de complicités, si bien que la mère, qui, dans ces choses-là, n'était pas à son aise, se risqua à dire :

— Mais ne vaudrait-il pas mieux déclarer les choses telles qu'elles sont sans faire tant d'embrouillaminis, même si l'on paie quelques impôts en plus ?

Tous la contredirent, les hommes de loi courtoisement, Caisotti et ses fils sèchement, mais Quinto se doutait déjà que Caisotti, en compliquant cette histoire d'« écritures privées », y trouvait son avantage : il pensait peut-être les tenir ensuite, les lier dans une complicité réciproque.

On n'en était pas encore à la signature lorsque Ampelio regarda sa montre et dit :

— Je dois partir, je risque de rater mon train.

Quinto ne savait pas qu'il avait l'intention de partir.

— Comment ça, on n'a pas encore signé…

Il fut pris d'une colère furieuse contre son frère.

— Pourquoi pars-tu maintenant ?

— Bien sûr que je pars. Sinon, qui va aller demain au laboratoire ? Toi ?

Ampelio prenait tout de suite un ton désagréable.

Quinto était très agacé d'être obligé de rester là, de veiller à tout, il s'était déjà fait à l'idée que son frère allait prendre l'affaire en main et qu'il pourrait, lui, se contenter de regarder tout cela avec un certain détachement : il avait espéré que les choses pourraient se passer ainsi. Ils commencèrent à se disputer ferme, avec des répliques rapides à voix basse, devant le notaire et Caisotti.

— Tu n'avais pas dit que tu partirais… Tu me laisses là…

— Mais non, désormais le plus gros est fait. Maman a la procuration, c'est elle qui signe, tout est réglé…

— Eh non, il y a encore tant de choses… Nous n'avons rien fait, bon Dieu…

La mère intervint :

— Mais il a son laboratoire, Quinto…

« C'est ici qu'il va gagner sa journée, plus qu'avec tous ses laboratoires ! » eut envie de répliquer Quinto, comme s'il jouait le rôle d'un vieux commerçant qui ne veut pas envoyer ses enfants poursuivre des études ; mais il se retint et dit au contraire :

— Il fallait se mettre d'accord préalablement, de façon à être ici tantôt l'un, tantôt l'autre…

— Si vous voulez partir, vous aussi, ne vous faites pas de souci, finit par dire Caisotti, partez donc, et moi, éventuellement, pour ce qu'il y a encore à voir, avec madame votre maman on se met d'accord…

Quinto se souvint d'une phrase prononcée par Canal, qui avait soulevé entre eux de grandes protestations et que Travaglia avait répétée presque telle quelle : « Je sais déjà comment ça va tourner, vous allez monter cette affaire, puis vous repartirez et on ne vous reverra plus : pour tirer les marrons du feu, vous laisserez votre mère… »

— À vrai dire, intervint le notaire, si l'un de vous deux restait, il y a encore un certain nombre d'affaires à régler…

— Mais moi je reste ! Évidemment que je reste ! Il ne manquerait plus que ça ! répliqua vivement Quinto.

Il était plein de colère, parce qu'il voulait vraiment rester, mais il avait eu aussi une petite envie d'aller à Milan : Bensi et Cerveteri avaient organisé une réunion pour établir le programme de la revue et Quinto, d'une part, ne voulait pas y aller parce qu'il était en désaccord avec eux, mais il aurait aimé, d'autre part, y assister comme s'il se trouvait là-bas par hasard ; en somme, il était vraiment en colère.

Ampelio était parti. On finit, vite, la signature, les traites, tout. En descendant l'escalier, Quinto et Caisotti discutaient amicalement sur le début des travaux.

— Le tout est maintenant d'avoir l'approbation de la mairie, dit Caisotti. Il faut présenter le projet au Bureau technique, attendre que la commission se réunisse et si tout va bien…

— Et… combien de temps faudra-t-il ? demanda Quinto, commençant à s'inquiéter. Je croyais que tout était déjà en règle…

Caisotti eut un petit rire.

— Pensez-vous, pensez-vous, avec eux… Ils sont capables de traîner des mois… Et s'il y a quelque chose qui ne va pas, les ennuis n'en finissent plus…

— Mais en attendant, les travaux…

— En attendant, les travaux, tant qu'il n'y a pas d'autorisation, ils ne peuvent pas commencer…

Quinto s'était arrêté au milieu de l'escalier.

— Mais Caisotti, vous rendez-vous compte…

Vous venez de signer un contrat dans lequel vous vous engagez à nous livrer les appartements achevés pour le 31 décembre !

— Doucement ! (Caisotti s'avança le visage animé et menaçant, comme Quinto jamais ne l'avait vu, pas même cette fois où il s'était mis en colère sur le terrain.) Doucement ! Le contrat, il dit livraison dans huit mois ! Et huit mois, faut comprendre huit mois après que la commission a approuvé le projet !

— Mais pas du tout, Caisotti ! Il y a la date. Vous êtes dans l'obligation de nous livrer les appartements au 31 décembre de cette année !

Eh bien, non, eh bien, si, huit mois, trente et un décembre, l'accord, le contrat : il se trouvait qu'à un endroit il était écrit livraison dans huit mois, à un autre au 31 décembre. Quoi qu'il en fût, l'avis des avocats était qu'il n'y avait pas de quoi s'alarmer parce que l'accord de la mairie ne pouvait pas trop tarder, « et d'ailleurs ce Caisotti, à la mairie, il doit avoir ses entrées, il parvient toujours à faire ce qu'il veut ».

Quinto et Caisotti se saluèrent en sortant devant la porte du notaire et Quinto nourrissait déjà dans son cœur le soupçon d'avoir fait un faux pas.

XIII

Il ne fut pas facile d'obtenir l'autorisation. De toute évidence, Caisotti n'était pas, autant qu'on le disait, dans les grâces de la municipalité. Il avait même un procès au sujet d'une maison qu'il avait construite en dépassant la hauteur prescrite, ce qui, à vrai dire, n'était pas très grave : cela arrivait tous les jours et on régularisait en payant une amende, mais lui ne payait pas et n'acceptait pas non plus de démolir un étage, raison pour laquelle on ne lui accordait pas de nouvelle autorisation. Travaglia aurait pu résoudre l'affaire, car c'était pour lui un jeu d'enfant, mais dans l'autre question de la maison trop élevée, c'était lui l'expert de la municipalité contre Caisotti et il ne voulait pas apparaître comme ayant affaire à l'entrepreneur. Et, d'ailleurs, il n'avait pas affaire à lui : il se limitait à assister les Anfossi sur le plan technique, il avait rédigé le cahier des charges et, au moment de la livraison des appartements, leur servirait d'expert, mais pour tout le reste, il avait déclaré ne pas vouloir y toucher, qu'on se le dise clairement. (Caisotti avait espéré, au contraire, l'amener de son côté. « Pense donc : il a eu le toupet de me demander sans vergogne si j'étais disposé à signer son projet ! » dit Travaglia à Quinto. « Si tu pouvais suivre un peu ce qu'il fait, s'était risqué à dire Quinto, lui donner quelques conseils pour sauver un peu l'esthétique... » L'architecte lui avait posé une main sur l'épaule. « L'esthétique ! Ne parlons pas d'esthétique, mes chers Anfossi, je vous en supplie ! Vous ne savez même pas ce qu'il va vous bâtir, ce type-là... Ah, si les choses allaient autrement... Enfin, ne me fais pas parler ! » Quinto avait été un peu mortifié.)

Quinto était, à présent, tantôt là, tantôt à Milan et, chaque fois qu'il revenait, il retrouvait le terrain nu, les plates-bandes dégarnies, les mauvaises herbes, sans qu'un seul coup de pioche eût encore été donné. Il allait alors protester chez Caisotti, ne le trouvait pas, et cette Lina n'arrêtait pas de battre des cils : « Euh, je ne sais pas... », puis Caisotti arrivait et n'était que grognements, renvois, justifications.

— Mais pourquoi n'iriez-vous pas le voir, vous, monsieur le maire ? dit-il un jour à Quinto. Il vous recevrait, vous, le maire, moi pas. Allez chez le maire et sollicitez-le. On fait comme ça, alors : moi, j'attends que vous lui parliez, à monsieur le maire. Hein, c'est entendu ?

Mais Quinto n'avait aucune envie de se présenter chez le maire pour plaider sa cause. Bien sûr, il le connaissait, mais juste à peine, cela datait de pas mal d'années auparavant, du temps du Cé-elle-enne[1] ; ensuite, ils ne s'étaient plus vus, beaucoup de choses s'étaient passées. Et maintenant, il aurait dû se manifester, comme ça, à l'improviste, et demander une faveur : et pour qui ? Pour Caisotti ! Le maire lui aurait dit, évidemment, que Caisotti par-ci, que Caisotti par-là, et il aurait été obligé, lui, de le défendre : cela n'avait pas grand sens. Il avait tant œuvré pour que n'apparaisse pas officiellement qu'ils étaient associés, et maintenant, en qualité de quoi, au nom de quoi… En conclusion, il ne voulait pas en entendre parler.

Mais les travaux ne commençaient pas et Quinto éprouvait désormais un remords à penser que, s'ils tardaient, c'était de sa faute, parce qu'il ne voulait pas aller chez le maire. Il ne cessa de renvoyer la chose, puis, un beau jour, il prit le chemin de la mairie. Celle-ci se trouvait sur la vieille place de la ville, dans un ensemble d'immeubles qui comprenait aussi les écoles ; c'est là que Quinto avait vécu une partie de sa vie. Il fit un peu le tour par les escaliers et les couloirs aux voûtes en ogive blanchies à la chaux, éprouvant le plaisir de remettre les pieds dans ces anciens intérieurs de Ligurie à l'allure conventuelle, en même temps

1. CLN : Comité de libération nationale, qui, groupant tous les mouvements antifascistes, dirigea la Résistance italienne de septembre 1943 à avril 1945.

que l'ennui de sa condition mêlée, d'indigène et d'étranger. Les huissiers le renvoyaient d'un étage à l'autre parce qu'on ne savait pas si monsieur le maire était là, où il était. Il finit par remplir un formulaire afin d'être reçu et s'assit sur un banc d'antichambre. Travaglia sortit par une porte, avec d'autres personnes. Il prit Quinto à l'écart :

— Mercredi, séance sur la construction, le projet Caisotti va passer, tout est en règle.

— Et ce problème qu'il avait, l'amende ?

— Tout est en règle, je te dis, mercredi l'autorisation va à la signature du maire, les travaux peuvent commencer.

— Alors, c'est inutile que je parle avec le maire ?

— Et que veux-tu lui dire d'autre ?

— Alors, tout est réglé, quel bonheur, Enrico, tu es un as, je ne sais comment te remercier.

— Moi ? Je n'ai rien à voir avec ça, moi ! dit-il en riant, je n'ai vraiment rien fait.

Il s'esquiva, tournant sur lui-même, aussi gros qu'une toupie, comme si tout n'avait été qu'un jeu d'enfant.

Les travaux commencèrent. Ils travaillaient à deux. Ils creusaient les fondations. C'étaient deux manœuvres ; le premier, malingre, noir, malveillant, toujours en short et torse nu, un foulard autour de la tête comme un pirate, toujours là à ne rien faire, en train de fumer et faire l'idiot avec les femmes de ménage, reprenant de temps en temps la pelle qu'il avait laissée plantée droite dans la terre, avec un soupir, après avoir craché dans ses mains ; l'autre était un géant, la poitrine d'un taureau, la tête aux cheveux roux et rasés qu'il gardait basse comme s'il ne voulait ni voir ni entendre, bien qu'il eût un beau visage jeune de blond, au regard perdu et furieux ; il se donnait tellement à fond dans le piochage et le déblayage qu'on aurait dit un bulldozer, et il répondait rarement aux piques de l'autre, par des grognements sourds, presque inarticulés. « Un bon travailleur », avait dit de lui Caisotti, qui venait de temps à autre jeter un coup d'œil aux travaux, à Quinto qui objectait qu'il faudrait un an avec deux hommes, « qui fait le travail de trois hommes. Il peut même travailler pendant une heure de suite, sans s'arrêter une minute. Si je les avais tous comme lui ! »

Le lieu changeait d'aspect et de couleur. La terre profonde, d'un brun intense, avec une âcre odeur d'humidité, voyait le jour. Le vert végétal de la surface disparaissait dans les entassements au bord des fossés, sous les pelletées de terre moelleuse et les mottes résistant à l'effritement. Sur les parois du fossé affleuraient des nœuds de racines mortes, des escargots, des vers de terre. La mère, dans le jardin, au milieu des plantes touffues, des fleurs qu'elle laissait se faner sur les tiges sans les cueillir, des hauts arbustes, des branches de mimosa, tendait le regard pour épier chaque jour le creusement du terrain perdu et se retirait ensuite dans sa verdure.

XIV

Trop replié sur lui-même, indifférent à autrui et rude, tel était le caractère de l'ancienne population de ***. Elle ne résista pas à la pression des populations italiennes qui pullulaient autour d'elle et dégénéra rapidement. La ville s'était enrichie, mais ne connut plus le plaisir que les anciens tiraient du gain parcimonieux leur venant des pressoirs ou du commerce ou des fiers passe-temps de la chasse pour les chasseurs, tels qu'ils étaient tous autrefois, gens de la campagne, petits propriétaires et même le petit nombre d'entre eux qui avaient affaire au port et à la mer. À présent, au contraire, seule les occupait la façon touristique de jouir de la vie, façon milanaise et provisoire, sur l'étroite voie Aurélienne encombrée de décapotables et de roulottes. Et eux tous se trouvaient là, au milieu, tout le temps, faux touristes ou employés congénitalement discourtois de l'« industrie hôtelière ». Mais, sous des formes qui avaient changé, la tradition rurale, laborieuse et avare, se maintenait encore dans les dynasties obstinées des horticulteurs qui accumulaient lentement des fortunes au cours d'années de travail familial ; ainsi que dans l'entrain mercantile du groupe matinal des fleuristes. Les indigènes jouissaient tous, ou s'en vantaient, de droits de privilégiés ; et le vide social qui s'était formé vers le bas attirait des gisements populeux de main-d'œuvre de la pointe extrême de l'Italie, des foules de sombres Calabrais, mal vus, mais ne discutant pas sur les salaires, si bien que, désormais, une barrière quasiment raciale divisait la bourgeoisie des classes subalternes, comme dans le Mississippi, sans empêcher pour autant que certains immigrés ne tentassent de brusques assauts vers la fortune, en accédant à la dignité de propriétaire ou de métayer, menaçant alors, eux aussi, ces privilèges incertains.

Au cours des cent dernières années, les gens de la Riviera n'avaient presque pas réagi ; les générations issues de Mazzini, qui avaient cru au Risorgimento, probablement mues par la nostalgie des anciennes autonomies républicaines, avaient disparu. Elles avaient perdu ces autonomies ; l'Italie unifiée leur avait déplu ; et, s'en désintéressant, bougonnant contre les impôts, elles s'attachèrent encore plus à leurs récifs, à moins de partir, de là, vers l'Amérique du Sud, leur grand empire familial, lieu de compétitions juvéniles, où se donnaient libre cours l'énergie et l'intelligence de ceux qui en avaient en surabondance. Sur la Riviera, dans leurs jardins, se fixèrent les Anglais, gens posés et individualistes, tacitement proches d'une nature et de personnes aussi rudes. Tout près de là, la France couvrait d'or la ville de Nice et remplissait d'envie la côte italienne. La civilisation du tourisme était désormais née, et la région côtière prospéra, tandis que l'arrière-pays s'appauvrissait et commençait à se dépeupler. Le dialecte s'amollit en cadences paresseuses ; les expressions obscènes de langage, célèbres, perdirent de leur violence, prirent, dans le discours, une fonction réductrice et sceptique, marque d'indifférence et de suffisance. Mais on pouvait encore reconnaître en tout cela une défense ultime de la vigueur morale atavique, composée de sobriété, de rudesse et d'*understatement*, une défense qui se marquait surtout par un haussement d'épaules, une négation de soi. (C'était une attitude semblable à celle exprimée ensuite par une génération de poètes liguriens, en des vers ou des récits d'une essentialité de pierre, qui restèrent ignorés de leurs compatriotes, mais célébrés et mal compris par la littérature des Florentins.) Sous la domination du fascisme, le caractère étranger de l'État — quoique déjà bien connu — s'accentua, alors que la cosmopole des étrangers qui passaient l'hiver dans la région cédait la place, entre les deux guerres, à une première sédimentation de populations panitaliennes, dans les classes aussi bien supérieures qu'inférieures.

Après la Seconde Guerre mondiale, la démocratie était maintenant là, c'est-à-dire les bains de mer où couraient des populations entières. Une partie de l'Italie, après cinq ans environ d'incertitude, jouissait maintenant du bien-être, un bien-être fondé sur le principe sacro-saint de la production industrielle, mais irrégulier, cependant, et incohérent à cause du déséquilibre de l'économie publique, contradictoire dans la distribution géographique des revenus et gaspilleuse quant aux dépenses budgétaires et à la consommation ; malgré tout, c'était toujours, au fond, du bien-être, et ceux qui en profitaient pouvaient se juger satisfaits. Ceux qui pouvaient se juger les plus satisfaits (mais ils ne se jugeaient pas tels car ils croyaient qu'il leur était dû beaucoup plus, et ils ne le méritaient pas ou bien il n'était ni possible ni juste qu'ils l'eussent), ceux-là, venant des centres industriels du Nord, avaient tendance à graviter autour de la Riviera et particulièrement de ***. C'étaient des propriétaires de petites entreprises indépendantes (soit alimentaires, soit textiles) ou des sous-traitants d'autres entreprises plus importantes (soit chimiques, soit mécaniques), ou encore des cadres d'entreprise, directeurs de banque, chefs de services administratifs intéressés aux bénéfices, directeurs d'agences commerciales, opérateurs en Bourse, experts confirmés, propriétaires de salle de cinéma, commerçants, exploitants, toute une classe intermédiaire entre les détenteurs de gros paquets d'actions et les simples employés et techniciens, une classe qui avait à tel point grandi qu'elle constituait de véritables masses dans les villes ; c'étaient des gens, en somme, qui pouvaient acheter comptant ou à crédit un logement à la mer (ou bien le louer pendant des saisons ou des années entières, mais cette solution était la moins avantageuse) et qui avaient aussi envie de le faire, aspirant à des vacances relativement sédentaires (non, par exemple, à de grands voyages ou à des choses plus originales) qui pouvaient devenir vertigineusement mouvementées grâce à la voiture, car il était toujours possible de faire un saut pour aller boire l'apéritif en France. Désormais, les gens richissimes ne faisaient plus que passer à ***, courant d'un casino à l'autre, comme, tout aussi rapidement, y venaient les ouvriers des grandes industries, en Lambretta, le 15 août, avec leurs femmes en pantalon chargées d'un sac à dos sur le siège arrière, pour se baigner entassés dans les bandes de plage exiguës, repartant ensuite passer la nuit dans des hôtels plus économiques d'autres localités côtières. L'armée innombrable des dactylos et des secrétaires en short s'arrêtait plus longtemps et occupait les pensions locales, suivie par la cohorte de la jeunesse d'étudiants et de comptables, gloire des dancings.

Cela n'avait lieu que pendant la courte période des vacances : la colonie stable de *** était constituée des membres de cette classe moyenne bourgeoise dont on a déjà parlé, qui habitaient des appartements aisés dans leurs villes d'origine et qui reproduisaient ici, tels quels (à peine à plus basse échelle, bien sûr, on est à la mer) les mêmes appartements dans les mêmes énormes pâtés de maisons résidentielles et la même vie automobilistico-urbaine. Pendant les mois d'hiver, les gens âgés venaient passer la saison dans ces appartements : parents et grands-parents de toute sorte, qui prenaient le soleil de midi sur les promenades en bord de mer, tout comme, déjà quarante ans plus tôt, les grands-ducs russes tuberculeux et les milords. Et durant la saison où, autrefois, les milords et les grandes-duchesses quittaient la Riviera et se déplaçaient dans les villes plus ombragées de Karlsbad et de Spa pour les cures thermales, à présent, les dames avec enfants remplaçaient les gens âgés dans ces appartements balnéaires, tandis que, pour leurs maris très occupés, commençait la corvée des allers et retours, entre le samedi et le dimanche.

C'était une Italie fourmillant de tailleurs, de vestes croisées, l'Italie bien habillée et bien carrossée, la population la mieux vêtue d'Europe ; quel contraste, dans les rues de ***, avec les groupes inesthétiques et maladroits des Allemands, des Anglais, des Suisses, des Hollandais ou des Belges en vacances collectives, hommes et femmes d'une laideur bariolée, caleçons jusqu'aux genoux, socquettes dans les sandales ou chaussures sur les pieds nus, robes imprimées à fleurs, lingerie qui dépasse, chair blanche et rouge, sourde au bon goût ainsi qu'à l'harmonie, même quand elle prend d'autres couleurs. Ces foules étrangères avides de bains hors saison, réservant des hôtels entiers et se succédant par équipes serrées d'avril à octobre (moins en juillet et août, quand les hôteliers n'accordent pas de réductions aux groupes), étaient regardées par les indigènes avec une pointe de compassion, contrairement à la manière qu'on avait, autrefois, de regarder les étrangers, messagers de mondes plus riches et mieux pourvus en matière de civilisation. Et pourtant quelque chose venait compromettre la morgue facile de l'Italien bien habillé, désinvolte, étincelant, apparemment bien au courant de l'Amérique : le bon sens sévère des démocraties du Nord se faisait jour, avec le soupçon que dans ces vacances sans élégance se mouvait quelque chose de plus solide, de moins provisoire, qu'il y avait là des civilisations habituées à de plus grandes réalisations ; et le soupçon aussi que notre étalage de prospérité ne fût qu'un vernis facile jeté sur l'Italie des taudis de banlieue ou de montagne, des trains d'émigrants, des places de village pullulant de gens vêtus de noir : c'étaient des soupçons très rapides, qu'il convenait de chasser en moins de deux.

L'ensemble de ces sentiments, auquel s'ajoutait le culte tardif de la fierté rustique des anciennes générations (dont le rapprochait la mémoire de son père, mort depuis peu de temps, si vieux qu'il aurait pu être son grand-père, rescapé typique de cette souche), rendait encore plus étranger à Quinto le *** actuel. Mais, comme d'habitude, voulant se contrarier lui-même (en une joute dans laquelle on ne savait plus ce qui en lui était authentique ou forcé), il se persuadait que la nouvelle bourgeoisie des petits logements à *** était justement la meilleure à laquelle l'Italie pût donner naissance.

C'est ainsi que, enrégimenté dans cette foule civile, réalisatrice, adultère, satisfaite, cordiale, philistine, familiale, bien portante, ingurgitant des glaces, tout en shorts et maillots de corps, femmes hommes enfants jeunes gens dans l'égalité absolue des âges et des sexes, dans ce fleuve riche et superficiel au-dessus de la réalité accidentée de l'Italie, Quinto s'apprêtait à passer l'été à ***.

XV

Les événements les plus importants de l'été furent : un premier problème avec Caisotti pour la vidange d'une fosse d'aisances située dans la surface vendue (il soutenait que cela relevait des tâches de l'ex-propriétaire) ; un deuxième problème avec Caisotti pour les déblais qui encombraient la rue ; un arrêt des travaux pendant quinze jours parce que les manœuvres furent appelés par Caisotti sur un autre chantier où les dates de livraison arrivaient à échéance ; le non-paiement de la première traite de la part de Caisotti.

Quinto était très content. Il n'arrêtait pas d'aller et venir : tantôt chez l'avocat pour lui faire écrire des lettres de sommation à Caisotti, tantôt chez le notaire pour des détails de l'enregistrement du contrat qui n'étaient jamais parfaits, tantôt chez l'architecte pour l'emmener sur le chantier contrôler si tout se passait selon les termes du cahier des charges (mais on n'en était qu'aux fondations), tantôt chez Caisotti pour protester, solliciter ou le prendre à partie. Ses amis ne lui refusaient pas leur aide, tout en ne le prenant jamais vraiment au sérieux, et trouvaient amusant de le voir enfin aux prises avec des problèmes pratiques ; l'architecte ne lui épargnait pas ses petits sourires malicieux, le notaire lui conseillait d'être accommodant, Canal s'entêtait pour des raisons de rigueur professionnelle.

Les rapports avec Caisotti étaient plus difficiles, fuyants, mais, lorsqu'il parvenait à l'attraper, c'étaient les moments où Quinto ramassait les fruits les plus précieux de son initiative. Fruits moraux, bien entendu (pour les fruits matériels, qui viendraient par la suite, s'insinuait en lui une inquiétude, le frisson du risque, ce risque qui — Quinto en faisait à présent l'expérience personnelle — était le sel de l'initiative privée) : un échange de phrases qui laissaient transparaître le respect réciproque entre le détenteur du capital et l'entrepreneur, un regard d'entente, voire de complicité, un moment de confusion de son interlocuteur qui témoignait de l'habileté d'une de ses manœuvres. Les approches étaient brusques : Quinto lui tombait dessus, alors qu'il se trouvait au café « Melina », assis à la même petite table sur le trottoir, seul comme il en avait l'habitude, avec sa tasse ou son verre vide, l'air maussade. (Ses affaires avaient dû prendre un mauvais tour.) « Et alors, Caisotti, qu'est-ce que ça veut dire, cette histoire ? » lui disait agressivement Quinto. L'entrepreneur lui lançait un regard torve, puis tournait les yeux de l'autre côté, comme s'il préférait ne pas le voir. Quinto, en un crescendo quelque peu forcé, motivait sa protestation. Caisotti regardait toujours devant lui, serrait les lèvres comme s'il freinait l'éclat de violence qui s'emparait de lui et parvenait à le modérer, par le hochement de tête auquel il se laissait aller ensuite, en un sentiment de découragement et de manque de confiance généralisés. Ses réponses étaient toujours à côté de la question, mais chargées d'une totale mésestime, souvent insultantes, au point de couper net toute discussion. Ils étaient vite à couteaux tirés : aux coups de poing frappés sur la table (le poing trapu de Caisotti, aussi compact qu'un petit ballon de football), les tasses et les verres tintaient dans les soucoupes. Quinto s'apercevait avec satisfaction que, dans leur échange de répliques, l'entrepreneur semblait soucieux de ne pas hausser le ton, de cacher aux oreilles d'autrui la teneur de leur altercation. Puis, d'un côté comme de l'autre, on se calmait, on admettait que l'obstacle qui les avait jusque-là divisés était levé : on parlait de l'avenir, des avantages qu'ils obtiendraient l'un comme l'autre de la poursuite de leur entreprise. Ils parlaient à présent comme des associés, des égaux. Les diverses personnes affairées qui emplissaient la rue leur marchaient presque sur les pieds. Leur regard, descendant le long d'une rue en pente, gaie et banale, ornée de parterres, glissait vers le bord de mer.

Quinto rentrait chez lui et apercevait, dans les

fossés des fondations, le manœuvre aux cheveux roux, tout seul (l'autre s'échappait avant la fin des heures de travail), en train de creuser, de creuser comme un damné.

XVI

— En attendant, si vous avez quelqu'un qui cherche un appartement ou une boutique, vous pouvez déjà me l'envoyer, dit Quinto au gérant de l'agence Superga, après lui avoir réglé la commission pour la conclusion de l'affaire.

— Que dites-vous, monsieur ? Pourquoi donc ? s'informa le Toscan.

— Oui, c'est-à-dire, il faudra encore quelques mois, précisa Quinto. L'immeuble qui surgira là, vous savez ? Celui que construit Caisotti... Il sera prêt pour décembre.

Le type de l'agence se mit à rire.

— Vraiment, pour décembre !

— Pour décembre, bien sûr : c'est dans le contrat ! Nous avons le cahier des charges !

Quinto était désormais résigné à ne pas les avoir pour décembre, ces appartements, mais de se l'entendre dire comme quelque chose de certain, par cet individu qui n'avait rien à y voir, l'irrita.

— Il est bien obligé de nous les remettre, Caisotti !

— D'accord, monsieur, disons qu'ils seront prêts l'année prochaine, allons. Il ne faut jurer de rien pour la date. Lorsqu'on a affaire à quelqu'un comme Caisotti…

— Comment donc ? Et c'est vous qui me dites ça, maintenant ? C'est pourtant vous qui me l'avez présenté, Caisotti ! Vous !

Il y avait une femme dans l'agence, une dame brune, maigre, bronzée. Elle intervint :

— Des appartements, disiez-vous ? Dans quel quartier ? Combien de pièces ?

Elle devait avoir dans les trente-cinq ans, milanaise ou lombarde, trop maigre, dans sa robe d'été collante, elle était même un peu fanée, le visage légèrement marqué, mais il y avait dans son regard un certain éclat, un certain feu. Quinto observa son visage, sa poitrine, ses bras nus.

— Mais non, madame, dit le Toscan, ils ne sont pas encore prêts, et puis vous cherchez à acheter tandis que monsieur souhaiterait louer, n'est-ce pas ?

— C'est ça, dit Quinto.

Ainsi la question était close.

— En revanche, cet immeuble neuf dont je vous parlais, madame…, reprit le Toscan.

— Au revoir, dit Quinto.

Il s'en alla agacé. Les façons de ce type de l'agence, qui avait tout de suite exclu la possibilité que cette dame puisse être intéressée par ses logements, l'avaient vexé. Il fut pris de peine, de rage, pour n'avoir pas pu discuter avec elle sur le nombre des pièces, l'exposition, la cuisine et la salle de bains... La dame, quand il avait lancé son brusque au revoir, s'était retournée vers lui d'un air interrogatif, elle avait esquissé un salut, un sourire... Une femme intéressante, pas belle peut-être, mais intéressante : très femme. Quinto aurait aimé non tant parler des appartements, mais parler avec elle. Et maintenant, il ne s'éloignait plus de ce bout de trottoir, comme s'il attendait qu'elle sorte de l'agence. Il la vit d'ailleurs s'avancer tout de suite vers lui. Ils se saluèrent.

— Excusez-moi, dit-il en l'arrêtant, je voulais vous dire que, éventuellement, si le quartier vous intéresse, pour ces appartements, sans engagement, vendre ou louer, on pourrait peut-être se mettre d'accord...

— Ah, merci, je ne sais pas encore, je le disais à ce monsieur, c'était juste pour avoir une idée... Je ne sais pas encore si nous nous installerons ici ou à Rapallo. Mon mari...

Ils firent un bout de chemin ensemble.

— Milanaise ?

— Eh bien, à vrai dire je suis de Mantoue.

— Ah oui, c'est une belle ville ! Où allez-vous vous baigner ?

— À la plage Serenella. Vous la connaissez ?

— Oui, j'y vais parfois.

— S'il vous arrive de passer, mon parasol est le premier près du petit môle.

Il y alla le lendemain. La plage était étroite et

pleine de monde. Mme Nelly avait un parasol en location avec un groupe d'amis, parmi lesquels un colonel. Quinto dut s'asseoir là, prendre part à la conversation, c'était d'un ennui ! Il regrettait d'être venu. La dame, en maillot de bain, n'était pas très bien, elle ne l'intéressait plus comme la veille. La mer était un peu agitée, personne n'avait envie de se baigner, à la fin ils se décidèrent, ils avançaient contre les vagues en sautant et lançant de grands cris. Une corde à demi pourrie, verte d'algues visqueuses, pendait d'une file de piquets en fer. Nelly, qui avait peur, se tenait près de la corde. À chaque vague, Quinto lui saisissait un bras, par-derrière, pour la retenir. À l'approche d'une vague qui semblait plus grosse, il lui saisit les seins avec les deux mains. C'était une petite vague. Nelly ne repoussa pas ses mains. Elle rit.

Ils passèrent la nuit ensemble. Pour trouver une chambre, Quinto avait cherché tout l'après-midi : c'était le mois d'août, les pensions et les hôtels étaient bondés. Il finit par en trouver une chez une logeuse qui ne demandait leurs papiers qu'aux hommes. La chambre donnait sur une rue du centre ; Quinto, qui avait l'habitude des nuits aérées de la villa, avait chaud et ne parvenait pas à s'endormir. Le lit était d'une place et demie, on y était à l'étroit. Ils étaient nus, les draps étaient moites, par la fenêtre ouverte entrait la lueur d'un réverbère. Nelly dormait en lui tournant le dos ; lui, à l'écart, était obligé de se tenir sur le bord. Il pensa la réveiller ; à vrai dire l'amour, pour une première rencontre, avait été peu de chose et, par amour-propre, il sentait qu'il fallait recommencer, il lui aurait suffi d'un peu de bonne volonté ; mais la dame dormait, il était paresseux et préféra penser qu'elle était de celles qui n'y tiennent pas trop, et non du genre sensuel qu'il avait imaginé à première vue. Il regardait sa nuque un peu fanée, ses omoplates saillantes ; depuis des années, Quinto n'approchait que des femmes qu'il trouvait légèrement désagréables, dans une intention déclarée : il avait peur de se lier, il ne voulait avoir que des amours brèves.

Il se mit à songer à la construction, à Caisotti, à la traite…

XVII

On manqua de ciment. Ce mois-là, disait-on, les attributions habituelles n'avaient pas été faites et tous les chantiers à *** étaient bloqués. Disait-on… C'est Caisotti qui le disait ! À vrai dire, l'architecte Travaglia lui aussi, interrogé à ce propos, le confirma, se mettant ensuite à rire et laissant entendre que, oui, le ciment manquait à certaines conditions, mais qu'il y en avait à certaines autres, que c'était, en somme, une question de prix. Un grand nombre de chantiers avaient suspendu leur travail pendant quelques jours ; puis, ils avaient tous repris, plus ou moins. Seul Caisotti n'avait pas de ciment, et c'était maintenant le moment des coulées.

— Bien sûr que je le fais exprès ! Il ne manque plus que vous veniez m'angoisser ! lança-t-il à Quinto qui revenait à l'assaut lui demander des explications.

Et, comme toujours, il passa du ton de la violence à la pleurnicherie :

— Sans doute que ça m'amuse de garder la

main-d'œuvre en arrêt, d'immobiliser le matériel pour rien, de laisser passer la bonne saison et de livrer les travaux en retard ! Mais s'ils me donnent pas le ciment, s'ils me le donnent pas, sacré bon Dieu !

Depuis quelque temps il était devenu intraitable. Il s'était mis en tête que les Anfossi, puisqu'il n'avait pas encore réussi à payer cette traite, disaient du mal de lui publiquement et laissaient courir des bruits.

— Mais quoi, Caisotti ? Vous ne nous payez pas et, en plus, vous nous accusez !

— Eh ben, sacré bon Dieu, un moment difficile peut arriver à n'importe qui, qu'est-ce que vous avez besoin d'aller dire, qu'est-ce que vous avez besoin de faire intervenir l'avocat, qui me veut du mal, lui, je le sais depuis longtemps ! Qu'est-ce que vous avez besoin de faire connaître mes affaires au notaire qui parle avec tout ***, si, si, votre maman, votre maman est allée dire à tout le monde que je ne payais pas mes dettes : et alors, tout le monde me suit à la trace et je reste sans ciment…

— Ah, mais alors c'est vrai : le ciment c'est parce que vous ne payez pas que…

Il leva son poing sous le nez de Quinto en hurlant :

— Assez, avec cette histoire que je ne paie pas ! Assez !

Ils se trouvaient sur la partie entamée du chantier, au milieu des entassements de terre, de poutres jetées là. De la guérite des outils sortit le manœuvre aux cheveux roux, qui se plaça derrière lui, gigantesque, un peu replié, le visage morne, avec un air entre l'ange et l'orang-outang.

— Bas les mains, n'est-ce pas, Caisotti ? Ici, montrer les poings ne rime à rien, dit Quinto.

Jamais comme à cet instant l'entrepreneur ne lui avait paru un héros désarmé dans un monde hostile, se battant seul contre tous. Il était satisfait aussi de n'avoir éprouvé, devant l'éclat de brutalité de Caisotti, rien d'autre qu'un sentiment de supériorité et de froideur, sans oublier qu'il avait, lui, la situation en main. En effet, Caisotti cacha aussitôt ses poings dans les poches, comme honteux, regrettant son mouvement de colère, il marmonna quelque chose et déversa sa rage contre le géant, le rabrouant pour rien, tandis que l'autre l'écoutait tête basse.

Quinto demeura maître de la situation, mais Caisotti ne paya pas ni ne fit avancer les travaux.

Il y eut ensuite la question des tuyaux, des tuyaux d'irrigation dans le terrain, qui avaient été déterrés en creusant et qui avaient été laissés là. Tout le matériel qu'on pouvait retirer (celui de la démolition, de la poterie, et cætera) appartenait à Caisotti, par contrat. Mais la mère, voyant qu'on laissait rouiller les tuyaux comme s'ils étaient jetés, demanda à Caisotti, de derrière sa haie, lorsqu'elle le vit un jour sur le chantier :

— Et ces tuyaux, vous en servez-vous ?

Caisotti se trouvait dans une de ses journées d'humeur noire ; il se retourna :

— Qu'est-ce que vous voulez que j'en fasse, de vos tuyaux ?

— Alors, répliqua la mère, contente, si vous n'en faites rien, moi, je peux m'en servir dans mon jardin, j'enverrai quelqu'un les chercher.

Et, en effet, le lendemain, elle envoya le jardinier et fit faire un nouveau branchement de tuyauterie pour arroser une plate-bande de narcisses. Cela avait déjà eu lieu depuis plus d'un mois. Une autre fois que la mère s'était montrée devant sa haie, ayant entendu que Caisotti était là, et qui sait ce qu'elle lui avait dit, sur la traite, sur le retard des travaux — car elle, calmement, tout en soignant ses fleurs, ne laissait jamais échapper une occasion de le taquiner un peu —, et qui sait ce qu'il avait bougonné, lui, pour éviter une réponse ; et tout semblait s'être arrêté là, chacun d'eux se remettant à ses propres affaires, quand voici que la voix de Caisotti s'élève et tonne :

— Et moi je vous dénonce pour vol, oui, pour vol, madame Anfossi ! Ça vous apprendra à rôder pour voler les tuyauteries qui ne vous appartiennent pas ! D'abord ils vendent et ensuite ils volent ce qu'ils m'ont vendu : voilà le beau système des gens comme il faut !

La mère secoua la tête.

— Il est fou.

Ce jour-là arrivait Ampelio. Il était allé à un

congrès de chimie en Allemagne. Il arrive donc. Quinto est en haut et l'entend parler avec leur mère, puis sortir de nouveau. La mère monte.

— Vite, Quinto, rattrape Ampelio, retiens-le, j'ai peur qu'il ne commette quelque bêtise avec Caisotti, à peine était-il entré, que j'ai dit : « Ah, Ampelio, sais-tu que ce vaurien de Caisotti en est arrivé à me traiter de voleuse ! » Et lui, aussitôt : « Où est-il ? Où est-il ? Que je lui casse la gueule ! », et il est sorti le chercher.

Quinto courut dans la rue, vit son frère qui avançait à grands pas, il se hâta pour le rejoindre.

— Ampelio ! Ampelio ! Qu'est-ce qui te prend ? Tu as fait peur à maman… Où vas-tu ?

Ampelio ne se retourna pas, il continua de marcher et ne daigna pas jeter un regard sur son frère.

— Je vais lui casser la gueule.

— Mais quoi, si on commence à faire attention à tout ce que dit Caisotti… C'est un irresponsable, un sauvage…

— Et moi je vais lui casser la gueule.

— Écoute, il vaut mieux ne pas te placer sur ce plan-là, il y a quelques jours, il s'en est fallu de peu que je ne me batte avec lui, c'est une brute, il essaie de compliquer les choses pour retarder ses engagements ; s'il en naît une querelle, une rixe, c'est exactement ce qu'il cherche.

— En attendant, moi je lui aurai cassé la gueule.

C'est alors que des objections d'un autre ordre eussent été pertinentes : que Caisotti avait des épaules aussi larges qu'un mur et des poings dont un seul aurait suffi à abattre un veau, alors qu'Ampelio n'était qu'un maître-assistant qui pesait tout au plus cinquante kilos. Mais aucun des deux frères ne fit allusion ni même ne pensa à cela. Quinto, en revanche, suivant péniblement Ampelio, développait cette idée :

— Écoute, Ampelio, les rapports avec Caisotti traversent une phase très délicate, il faut faire preuve de tact, de diplomatie, ne pas faire attention à ses éclats, avoir une tactique assez souple...

— Je vois bien à quoi tu en es arrivé avec une tactique assez souple... Pas une seule brique de la maison n'existe encore...

Ce fut le tour de Quinto de se mettre en colère.

— Que diable, c'est maintenant que tu arrives ! On ne t'a jamais vu ! Moi, cela fait des mois que je trime derrière Caisotti ! Et tu arrives tout fringant et tu as le culot de jouer à l'intransigeant ! Au sauveur de la patrie !

— Mais moi j'étais à Francfort.

— Et alors ? Ce n'est pas une bonne raison ! dit Quinto — mais il s'était arrêté pour réfléchir un moment avant de répondre, et il avait perdu son élan.

Ils avancèrent un peu sans rien dire. Il était difficile de savoir où Ampelio avait l'intention de trouver Caisotti, et Quinto ne le lui demanda pas. Quand, au moment où ils traversaient la place, un crépitement de moto se fit entendre, et qui se présenta à leurs yeux ? Abrité par le pare-brise d'un triporteur à moteur, dont la carrosserie pointait en forme de torpille, Caisotti en personne, planté sur la selle, tenant ferme le guidon cahotant et bombant le torse, avec une petite casquette à jugulaire et un anorak. Il s'adressa à Ampelio, comme s'il avait interrompu une conversation avec lui quelques heures plus tôt :

— Voilà, le ciment est arrivé ! Vous voyez bien qu'il suffisait d'un peu de patience, comme je vous le disais ! Maintenant je reprends tout de suite les travaux, je mets le plus d'hommes possible sur le chantier, quant à vous, vous allez me laisser souffler un peu et je vous paie la traite et les intérêts, c'est d'accord ?

Ampelio était tranquille, sérieux, affable :

— Très bien. Et c'est pour quand, la coulée des fondations ?

— Pour samedi.

— Ce samedi-ci ? Plus tôt, est-ce impossible ?

— Samedi c'est bon. Ensuite il y a le jour férié et ça sèche. Et lundi nous reprenons le travail.

— Et comment allons-nous faire avec la traite ? La deuxième arrive à échéance d'ici quelques jours.

— C'est-à-dire que pour cette fois vous serez patients et moi je vous réglerai les deux traites en même temps. J'ai fait mes calculs et maintenant je suis sûr. Sinon je vous en parlerais pas.

— Nous y comptons, Caisotti.

— Nous allons battre tous les records, cette fois. Au revoir. Mes hommages à votre maman.

Avec une salve de crépitements, il remit en marche le triporteur et partit. Quinto était resté déconcerté.

— Tu as vu ? dit Ampelio.

— Vu quoi ? Vu quoi ? Il nous a roulés encore une fois, c'est ça que j'ai vu !

Ampelio eut un léger mouvement de la tête comme pour exclure nettement cette éventualité.

— Non, non, cette fois-ci il fera tout ce qu'il a dit.

— Tu parles ! Mais tu ne le connais pas ! Tu parles d'une coulée pour samedi ! Sais-tu où en sont les travaux ? Viens les voir ! Il t'a roulé ! Et ce renvoi de la traite, comme si de rien n'était... Et toi qui laisses tout passer, tranquillement...

— Et toi alors ? Tu n'as rien dit pendant tout le temps !

— Pour voir comment tu t'en sortais, parbleu ! Je n'aurais jamais cru...

Ampelio secoua la tête.

— Tu ne t'es pas rendu compte de la situation, dit-il. Il est dans une mauvaise passe, mais il a des possibilités de reprise. Si nous sommes après lui, si nous protestons sa traite, on va créer la panique parmi ses créanciers, et il suffit d'un rien pour qu'il fasse faillite. Alors, je te le demande : est-ce là notre intérêt ? Ou bien, n'avons-nous pas plutôt intérêt à le soutenir ? S'il fait faillite, c'est la mise en liquidation, dans le tas des créanciers, les travaux à confier à une autre entreprise, qui sait à quelles conditions… En revanche, s'il rétablit sa situation, pour nous aussi ça se passera bien.

Quinto se tordait les mains. Il était parvenu lui aussi, péniblement, à ce tableau de la situation dont il avait essayé auparavant de convaincre son frère. Et maintenant…

— Mais toi, dis donc, tu ne voulais pas lui casser la gueule ?

— Le moment n'était pas psychologiquement favorable, ç'a été clair tout de suite. Et puis il a fait marche arrière, tout ce qu'il a dit a été un discours de réparation, ne l'as-tu pas compris ? Même à la fin : mes hommages… Il avait changé du tout au tout…

Ils étaient maintenant sur le point de se quereller entre eux. Il aurait suffit que Quinto dît, comme il l'avait d'ailleurs sur le bout de la langue : « Grâce à toi, n'est-ce pas ? » ou qu'Ampelio ne sût pas s'arrêter à temps et cédât à la tentation d'ajouter : « Il suffit d'un peu d'énergie », et ils en seraient venus aux mains. Mais ils se turent. Quelques instants après, Quinto, comme s'il n'avait d'autre argument auquel s'accrocher :

— Et puis il fallait lui dire que le plus urgent est de faire un soutènement pour la terre, de notre côté, là où ils ont abattu le muret et laissé les choses comme ça, de sorte qu'aux premières pluies tout va s'écrouler sur nous !

— Si c'est pour ça, on passe à son bureau et on lui laisse un mot, dit Ampelio. Il vaut toujours mieux ne pas mélanger les questions secondaires avec les principales.

Ils allèrent au bureau. Quinto entra le premier parce que Ampelio s'était arrêté pour acheter des cigarettes. La secrétaire était plus évasive que jamais.

— Oui, vous pouvez me le dire, à moi, ah, oui, écrivez-le, si vous préférez. Si Caisotti vient… Je ne l'ai pas vu depuis quelques jours…

Soudain, elle sourit, fit un grand geste du bras :

— Ehi, notre voyageur est de retour ! Qu'est-ce que vous m'avez rapporté comme cadeau ?

Ampelio était apparu sur le seuil. Il claqua les talons, fit une grande révérence, dit :

— *Gnädiges Fräulein…*

XVIII

Le journal le plus lu à *** était *Il Previdente*, un bimensuel de la Chambre de commerce. C'étaient quatre pages, de petit format, exclusivement occupées par la liste des traites protestées. Les noms étaient par ordre alphabétique, avec l'adresse, le montant de la somme et, pour certains, la motivation du retard dans le paiement. Les motivations étaient laconiques, avec un air de réticence ou d'excuse : « en voyage », « cause maladie », « débiteur absent », et, souvent, comme dans un haussement d'épaules, « manque de disponibilités ». Un monde de petites entreprises, de tentatives, d'affaires, d'ambitions et de naufrages flottait dans ces colonnes à l'impression pâle : emballeurs et expéditionnaires de fleurs, fabricants de glaces, entrepreneurs, logeurs… et le menu fretin, le plus touffu, de ceux qui ne savent même pas ce qu'ils tentent de faire, de ceux qui cherchent à s'accrocher aux marges du flux d'argent, de ceux qui continuent à vivoter avec leurs dettes, condamnés à la honte des montants exigus des effets protestés.

Quinto aussi, maintenant, tous les quinze jours, voyant ses concitoyens avec leur nouveau numéro de *Il Previdente* à la main, se hâtait vers le kiosque à journaux et, au milieu des autres qui l'ouvraient déjà chemin faisant et en parcouraient les colonnes, anxieux de vérifier la situation financière des personnes avec qui ils entretenaient des rapports d'affaires, de scruter le profil d'une crise ou d'une débâcle ou de simplement fouiner dans les poches d'autrui, lui aussi se jetait à la recherche d'un nom, de ce nom. Un jour, le voilà : Caisotti Pietro, il y était : deux traites protestées pour trois cent mille lires. C'était la pente que plus d'une entreprise déjà n'avait pu remonter. Les paiements, la livraison des appartements, tout devenait problématique, suspendu à un fil.

Il fallait agir sur la pointe des pieds. Canal aussi recommandait le calme, il le sonderait, lui. C'est là où Caisotti se révéla habile, il vint lui-même, directement chez l'avocat, comme pour se prémunir d'une action immédiate, expliqua que le protêt, publié à cette époque, correspondait toutefois à la situation de quelque deux semaines auparavant, désormais en phase de dépassement ; il allait conclure certaines affaires, lui-même étant créancier de divers côtés, il allait être en mesure, d'ici peu, de régler toutes ses dettes. Par Canal, on réussit à savoir que Caisotti devait effectivement percevoir une somme d'argent, on en sut même la date et le montant. Ce n'était pas une grosse somme, il faudrait savoir le mettre au pied du mur en temps utile, pour qu'il s'acquittât, avant que de toute autre dette, de celle des Anfossi. Le recouvrement avait lieu le matin, on décida que Quinto irait chez lui en tout début d'après-midi, pour le surprendre, en lui apportant la traite, à un moment où l'entrepreneur ne pourrait pas nier encore qu'il avait l'argent.

Il sonna, il sonna de nouveau (il s'agissait d'une sonnette à ressort, de celles où il faut tourner une clé), il allait s'en aller lorsqu'on ouvrit. Toujours Lina, à peine moite de sueur (c'était une chaude journée d'août), mais au lieu de tresses, elle portait les cheveux noués en arrière, en queue de cheval.

— Vous cherchez Caisotti ? Je ne sais pas s'il est là.

— Comment ça, vous ne le savez pas ?

Il n'y avait que deux pièces. Dans le couloir une porte s'ouvrit. Il faisait noir et, dans cette obscurité, se montrant avec la circonspection d'un lézard, parut Caisotti, avec l'air de quelqu'un en train de dormir. De dormir tout habillé : la chemise en désordre, la ceinture défaite, les cheveux en bataille. Sans défense, il ne semblait encore ni voir ni entendre, attentif uniquement à tourner sa langue dans sa bouche épaissie. Puis il fit demi-tour, alla à la fenêtre, ouvrit grands les persiennes et les volets ; la lumière emplit la pièce, le laissant plus aveugle qu'auparavant. C'était son bureau habituel, qui lui servait donc aussi de chambre : le lit, c'est-à-dire un matelas par terre avec des draps froissés, se trouvait derrière un paravent, avec une bassine en métal. Caisotti se dirigea vers celle-ci, versa un peu d'eau du broc, la porta à son visage, s'essuya. Puis, la figure enflammée par le sommeil, les cheveux et le front mouillés, il s'assit à son bureau. Quinto prit place en face de lui. Lina avait disparu. Au-delà de la fenêtre, c'était le début de l'après-midi dans la ville à laquelle se communiquait impalpablement l'odeur du sable brûlant des plages. Quinto avait l'impression d'avoir déjà tout dit de ce qu'il était venu dire, et c'était pourtant comme si rien ne l'avait encore été. Pas la moindre lueur n'avait traversé les yeux grumeleux de l'entrepreneur.

Caisotti commença à parler, lentement, en soupirant, comme s'il était déjà à la moitié d'un discours :

— Que voulez-vous que je vous dise, mon cher… À partir de maintenant, je vous laisse faire, moi je ne dis plus rien…

Et il continuait ainsi. La lumière le gênait, il rapprocha les persiennes. Il expliquait combien il était difficile de travailler, de bâtir, avec tout ce monde qui mettait des bâtons dans les roues, la mairie avec ses interdictions, l'État avec ses impôts, le matériel à cause duquel il fallait dépendre de celui-ci ou de celui-là. Quinto sentait que ces discours de Caisotti étaient tous étudiés, en sorte que son interlocuteur ne pût leur refuser son approbation, car ils ne s'adressaient pas tant à l'associé en affaires ou au créancier qu'à l'homme aux opinions politiques qu'il était ou qu'il avait été.

— Et le ciment, vous savez, le ciment ? Une belle histoire, ça aussi, ils nous prennent à la gorge comme ils veulent, il n'y a rien à faire pour s'en débarrasser, c'est un monopole…

Il commença à se plaindre de la société du ciment, à citer des faits, des abus, des contraintes, des fabriques où il eût été très facile de s'approvisionner, mais qui étaient rachetées par les tout-puissants fabricants de ciment qui les faisaient fermer. Dans ces discours, dans le fait de déterminer les causes de ses difficultés et de lier des faits disparates, l'entrepreneur faisait preuve d'une certaine finesse, à laquelle Quinto ne s'attendait pas. Et, en même temps, tout était ennuyeusement évident : l'histoire habituelle du petit entrepreneur écrasé par les grands monopoles, un passage obligé de tout discours critique sur l'économie italienne, ennuyeux surtout pour Quinto, qui n'était pas venu là pour voir les choses de ce point de vue mais d'un autre ; non qu'il eût une opinion différente, c'étaient des concepts archiconnus, acceptables au fond par tout le monde, mais il se trouvait là, à présent, en qualité de propriétaire immobilier et voulait penser aux choses auxquelles pensent les propriétaires immobiliers.

Caisotti lui racontait sa tentative pour devenir lui aussi propriétaire d'une carrière pour le ciment dans son village, où il possédait un lopin de terre qui ne rendait rien, plein de pierres, et ces pierres, soutenait-il, étaient bonnes pour faire du ciment. Il exposait comment la société du ciment avait réussi à l'empêcher de continuer, après qu'il eut déjà dépensé beaucoup d'argent. Chez Quinto se ralluma l'attention du propriétaire ; ce petit bout de terre constituait, dans les plans de l'avocat, une garantie extrême, parce qu'on pouvait l'hypothéquer ; et on découvrait à présent qu'il n'y avait que des pierres, bonnes peut-être pour en faire du ciment, mais inutilisables parce que le monopole l'interdisait.

— Eh, on lutte, on lutte..., dit Caisotti. Qui aurait jamais cru de notre temps, hein, Anfossi, qu'on en resterait au même point ? Vous vous en souvenez ?

— Eh..., dit Quinto, sans trop bien comprendre cette allusion de Caisotti à des souvenirs ou à des opinions communes.

— On croyait qu'une fois descendus de la montagne, et après avoir chassé les autres, tout irait de soi... Et au contraire...

On sut alors que Caisotti avait été chez les partisans, et dans la brigade même dont Quinto avait fait partie ; qu'il avait été « intendant de brigade », qu'il s'appelait « Bill ». Quinto n'avait pas eu beaucoup affaire avec l'intendance, les détachements et les services de la brigade étaient éparpillés dans divers recoins de la vallée ou de vallées différentes ; mais il lui semblait maintenant se souvenir du prénom et de l'avoir peut-être vu une fois, en train de marcher hâtivement, avec la chemise kaki, un Sten en bandoulière, alors qu'il lançait des invectives contre le prélèvement de certains morceaux de viande de bœuf. Caisotti savait en revanche dans quelles formations s'était trouvé Quinto et lui rappela les emplacements des campements, des noms que Quinto avait oubliés, mais qui devaient être familiers à l'autre, puisqu'il venait de ces montagnes.

Il s'était levé et était allé dans un coin de la pièce.

— Vous voyez ?

Caché à demi par une armoire, se trouvait, accroché en hauteur, un tableau : un de ces tableaux avec toutes les photos des morts d'une ville ou d'une formation, un ruban blanc, rouge et vert dans un coin et une inscription comme : « Gloire éternelle aux volontaires de la liberté de la brigade…, tombés au combat ». Quinto tendit son regard, le tableau était dans l'ombre et le verre plein de poussière, les visages des morts étaient tout petits et l'inscription des noms minuscule, et il lui semblait qu'il n'en reconnaissait aucun. Il en avait connu tellement, parmi ceux qui, ensuite, étaient morts ! Il lui était encore facile de s'émouvoir, à la pensée que jusqu'au soir précédent il avait mangé les châtaignes avec eux dans la même gamelle, dormi à côté d'eux sur la paille… Et pourtant, il n'avait envie maintenant que d'en trouver un seul, qu'il avait à peine connu, quelqu'un arrivé depuis peu de temps et tué tout de suite, bêtement : il était de patrouille avec lui, et seul le hasard avait déterminé les chemins pris par chacun d'eux. À présent, il avait l'impression qu'une de ces minuscules photos lui ressemblait, mais ce pouvait bien être cette autre, ou bien celle d'à côté : c'étaient toutes des photos très anciennes, beaucoup étaient presque des gamins, d'autres avaient le calot et les étoiles de l'époque où ils étaient militaires, chacun d'eux pouvait être quelqu'un d'autre, on n'y distinguait rien. Il poussa un grand soupir, ne sachant plus que dire.

Finalement, on n'arriva à rien. Caisotti demandait une prorogation pour le paiement de la traite : il devait achever une autre construction déjà commencée, ce qui lui donnerait la possibilité de concentrer matériel et main-d'œuvre sur le chantier des Anfossi et d'achever le travail en temps prévu (à calculer, rappela-t-il, à partir de la concession du permis, et non de la signature du contrat). Lui créer d'autres difficultés eût été préjudiciable pour eux aussi.

Quinto rentra chez lui d'une humeur noire. Non seulement il était inquiet parce qu'il n'avait pas encore réussi à se faire payer, mais aussi parce qu'il avait découvert en Caisotti un ancien camarade de lutte. Quelle belle trajectoire avait faite la société italienne ! s'exclamait-il à part lui. Deux partisans, l'un paysan, l'autre étudiant, deux hommes qui s'étaient révoltés ensemble avec l'idée que l'Italie était à refaire. Et voici maintenant ce qu'ils sont devenus : deux hommes qui acceptent le monde tel qu'il est, qui ne cherchent que l'argent, sans même plus les vertus de la bourgeoisie d'autrefois, deux irréguliers de l'immobilier, qui ne sont pas devenus associés par hasard et qui essaient, de toute évidence, de s'écraser mutuellement... Cependant, remarqua Quinto, le paysan avait gardé l'aptitude à considérer toutes les difficultés qui se présentaient devant lui comme des luttes sociales. Et lui ?

Ce jour-là, De Gasperi était mort. La nouvelle arriva avec les journaux du soir ; l'avenue était bondée d'une foule colorée et bruyante qui revenait de la plage dans la lumière chaleureuse du soir ; les crieurs de journaux passaient en agitant les grands titres bordés de noir et la photographie du défunt. « De Gasperi est mort ! Nouvelle victoire de Coppi ! criait un vendeur levant le journal en l'air. Nouvelle victoire de Coppi ! » Une petite fille écarta la glace de sa bouche. « Tu entends, papa, De Gasperi est mort ! » « Ah bon... », répondit son père, et il continua de regarder les affiches de cinéma.

Quinto était le seul qui se sentît obscurément offensé par cette indifférence, le seul qui y pensât, à ce De Gasperi que l'espoir révolutionnaire de sa jeunesse avait considéré comme un étranger qui s'était installé dans l'histoire de l'Italie au moment où elle aurait dû être tout à fait différente. Et maintenant, voilà : la bourgeoisie qui saluait en lui, quelques années auparavant, son sauveur, le restaurateur de son aisance facile, l'avait déjà oublié, avait oublié la peur (« la peur que nous lui inspirions, pensait Quinto quand nous étions l'espoir »), et, aujourd'hui, il savait seulement que cet homme maigre, ce montagnard, honnête, obstiné, un peu étroit, sans beaucoup d'idées mais ne transigeant pas avec elles, catholique mais d'une manière sèche et peu italienne, cet homme ne leur avait jamais été sympathique.

XIX

Enveloppée dans son château d'échafaudages, toute une masse confuse de poutres, cordes, seaux, tamis, briques, tas de sable et de chaux, la maison grandit pendant l'automne. Son aile d'ombre s'abattait déjà sur le jardin ; le ciel était muré aux fenêtres de la villa. Pourtant cela paraissait encore comme quelque chose d'encombrant, mais de provisoire, qu'on enlève comme on l'a monté ; c'est ainsi qu'essayait de le considérer la mère, en fixant son mécontentement sur ces aspects transitoires, tels les objets qui tombaient des échafaudages sur les plates-bandes, le désordre des poutres dans la rue, et en évitant de considérer la maison comme une maison, comme quelque chose qui demeurerait planté là, sous ses yeux.

En remplacement du paiement d'une traite, Caisotti proposa d'augmenter le nombre des pièces qu'il remettrait aux Anfossi. Ce furent de longues tractations : en négociant le cubage des nouvelles pièces, on découvrit que Caisotti leur avait donné à toutes des dimensions plus étroites que ce qu'il était convenu dans le cahier des charges, pour en caser une de plus. C'était, en quelque sorte, comme s'il leur volait des locaux et qu'il prétendît payer les traites avec ces locaux volés. Canal éventa la manœuvre, on ajouta un supplément au contrat, plusieurs clauses de l'ancien contrat furent réexaminées, on confirma le « domaine réservé » en le liant à la livraison des nouvelles pièces d'habitation, mais, enfin, il n'était pas question de voir de l'argent et la livraison des pièces achevées aurait lieu on ne savait quand.

Pour ces tractations, Ampelio vint à ***, pendant deux ou trois jours. Ils étaient tous les deux à la maison, lorsqu'ils virent arriver, l'air vif et innocent, Lina. Elle apportait des papiers, Caisotti l'envoyait contrôler certaines données pour l'inscription sur le registre des actes de la mairie. Que recouvrait tout ce zèle, ce n'était pas clair ; jamais Caisotti ne l'avait dérangée pour l'envoyer là. Comme par hasard, leur mère n'était pas à la maison ; et c'était justement elle qui finissait par rassembler les documents, les comptes que Quinto, entre un départ et une arrivée, oubliait ici et là ; et quoi qu'on voulût savoir, il fallait avoir recours à elle.

Quinto et Ampelio se mettent à étudier ce problème, dans le bureau, avec Lina devant eux qui les regarde d'un air suave.

— Attends, je vais chercher ces comptes que nous avons faits la dernière fois, dit Quinto, et il va fouiller dans une autre pièce.

Il met sens dessus dessous la moitié d'une armoire, parcourt plusieurs fois une dizaine de dossiers, sans trouver ce qu'il cherche. Lorsqu'il revient dans le bureau, les documents de Caisotti sont encore étalés sur la table mais la fille n'est plus là, pas plus qu'Ampelio. « Elle a dû s'en aller, pense Quinto, elle reviendra demain prendre ces données. » Et il se met à appeler : « Ampelio ! » Ampelio ne répond pas. Il n'était certainement pas sorti, parce que le béret que son frère, un peu chauve, mettait toujours pour sortir était accroché au portemanteau. Il était peut-être en haut. Quinto monta à l'étage supérieur et fit le tour des chambres en l'appelant, il entra même dans la salle de bains et, par là, dans la chambre de son frère.

Lina et Ampelio étaient au lit. Elle se tourna aussitôt contre l'oreiller et Quinto aperçut ses tresses noires qui volaient et une épaule rose et ronde qui sortait du drap. Ampelio se redressa sur un coude, nu et maigre au point qu'on voyait ses côtes, chercha d'un geste mécanique ses lunettes sur la commode et dit :

— Sacré bon Dieu, tu es toujours là en train de casser les couilles !

Quinto referma la porte et redescendit, rouge de colère. Il en voulait à mort à son frère. Lui manigancer cette intrigue, là, à la maison, avec une employée de l'entrepreneur, à un moment si délicat dans leurs rapports d'affaires, et monter à l'étage en moins de deux, avec cette sainte-nitouche hypocrite, cette effrontée… Certes, c'était bien commode ! Ampelio se fichait pas mal des affaires ; c'était lui, Quinto, qui devait se charger de tous les ennuis et de toutes les responsabilités, et mener une vie infernale dans son intérêt à lui aussi. Et lorsqu'il arrivait, il trouvait toujours quelque chose à redire… Mais en attendant, il était en haut en train de s'amuser, alors que lui, Quinto, fouillait dans la paperasse. D'ailleurs, ils se moquaient de lui, lui faisaient chercher des comptes qui, peut-être, ne servaient à rien ! Elle était capable de tout, cette garce : avec lui, Quinto, elle baissait toujours les yeux mais avec son frère, au contraire, *allez*[1] ! C'était peut-être Caisotti lui-même qui l'envoyait, pour les embobiner, et dans ce cas on comprenait bien pourquoi il ne la lui avait pas envoyée, à lui qui, certes, ne serait pas tombé dans ce piège, et pourtant ce truc de l'envoyer à son frère n'était pas non plus une manœuvre bien étudiée, de toute façon, c'était une cochonnerie, une belle cochonnerie. Et lui, pourquoi restait-il là, dans la maison ? Fallait-il aussi qu'il leur tienne la chandelle ?

Il allait sortir lorsqu'on sonna à la porte. C'était Caisotti. Il venait chercher certaines données, pour la mairie… Était-ce vraiment si urgent ? Caisotti était circonspect mais autrement que d'habitude,

1. Les mots en italique suivis d'un astérisque sont en français dans le texte.

il ne semblait pas sûr de lui et un peu anxieux. Quinto le fit entrer dans le bureau, lui indiqua les documents que sa secrétaire avait apportés, lui dit qu'ils chercheraient… Mais Caisotti, à présent, demandait :

— Ah, mais alors elle est venue ici ? Et où est-elle ?

— Pourquoi ? Ce n'est pas vous qui l'avez envoyée ?

— Si, si, mais elle devait faire plusieurs courses. Je voudrais lui dire quelque chose maintenant. Où est-elle ?

— Je ne sais pas, elle a dû s'en aller.

— Ah non, je ne l'ai pas rencontrée…

Et Caisotti regardait autour de lui, en direction des autres pièces, de l'escalier, comme un animal perdu.

— Elle a dû emprunter un autre chemin. Où voulez-vous qu'elle soit ?

Tout faisait penser que Caisotti l'avait suivie jusqu'à la villa et que, ne la voyant pas descendre, il était monté la chercher. Il trouvait maintenant toute sorte d'excuses pour s'attarder, il s'était planté là et ne voulait pas s'en aller. Il tenait des discours conciliants, et même complaisants, il se hasarda à faire des propositions d'améliorations gratuites dans les travaux qu'il devrait livrer et gardait toujours cet air incertain, circonspect, il scrutait Quinto comme s'il attendait que celui-ci se dévoilât. De temps à autre, au contraire, on aurait dit que ce malaise qui le tenait là se figeait en haine, en violence à peine répressible, et on voyait les muscles mous de son visage pâli s'étirer, ses poings sanguins se serrer et sa bouche de requin se tordre doucement en tremblant, ce qui semblait préluder à un déchaînement de hurlements. Quinto, irrité d'être cloué là à parler avec Caisotti, de servir de bouclier à son frère et à cette garce, solidaire avec l'entrepreneur dans la hargne à l'égard de son frère et conscient, pourtant, qu'il s'agissait là d'une occasion favorable pour pousser Caisotti à quelques précieuses concessions, que ce moment où il l'avait en son pouvoir ne se représenterait plus, mais ne parvenant pas, sur l'instant, à se souvenir de quelque chose d'utile à lui demander, mécontent au fond de ne pas pouvoir lui montrer toute sa solidarité, ne trouva d'autre issue que de le convaincre d'aller sur le chantier avec lui contrôler l'état des travaux.

Caisotti y alla à contrecœur, essayant toujours de ne pas perdre de vue la villa ou, du moins, la grille du jardin. Ils montèrent par l'escalier en planches sur la dalle encore fraîche du premier étage. Quinto contrôlait les angles, les portes.

— Ce mur devrait être plus épais, Caisotti (sa voix retentissait entre les murs vides), venez voir, Caisotti, ce mur, je vous dis…

Et l'autre, sans bouger, regardant de biais à travers l'ouverture de la fenêtre dans le cadre de briques nues vers la verdure touffue du jardin, qui semblait méconnaissable à Quinto dans cette perspective jamais vue :

— Bien sûr, plus épais, mais qu'est-ce que vous voulez voir, attendez que ce soit fini, quand il y aura le plâtre…

XX

L'ascendant de Caisotti vacillait jusque parmi ses fidèles. Même le géant aux cheveux roux, qui s'appelait Angerin, eut un mouvement de révolte.

Cet Angerin vivait sur le chantier dans une petite baraque en bois, un débarras pour les outils, pour la surveillance de nuit ; il dormait sur le sol, comme un animal, tout habillé. Tôt le matin, avec son pas d'orang-outang, le regard figé et hagard, il descendait s'acheter une baguette, un morceau de boudin et une tomate, et revenait la bouche pleine. Peut-être vivait-il uniquement de cela. On le voyait rarement se faire cuire quelque chose, sur deux briques, dans une casserole entartrée. Il semblait que Caisotti lui devait le salaire de plusieurs mois. Angerin tirait le diable par la queue, et très fort et obéissant comme il était, tous les travaux les plus pénibles lui étaient destinés. Les autres maçons et ouvriers prétendaient être payés ponctuellement, sinon ils partaient travailler pour d'autres entreprises, car le travail dans le bâtiment ne manquait pas. Caisotti se rattrapait aux dépens d'Angerin qui était soumis et étranger à toute initiative personnelle ; il le considérait comme un esclave. Ayant perdu la carrure de taureau qui était la sienne au début des travaux, au point qu'il faisait peur quand on le voyait avancer, Angerin était devenu maigre, avec le dos courbé, les bras toujours ballants, un visage pâli ; la malnutrition, la fatigue, dormir à même le sol le rongeaient.

Quinto, à vrai dire, ne faisait pas attention à Angerin, mais il savait tout par sa mère. Sa mère était la seule à s'occuper du manœuvre. Elle le faisait venir à la villa, lui donnait du sucre, des biscuits, de vieux tricots. Et elle lui parlait, lui donnant des conseils, le sermonnant, lui posant des questions : cette dernière habitude était très ennuyeuse pour Angerin, parce que la mère ne comprenait pas son dialecte inarticulé et lui faisait répéter dix fois chaque réponse. Il venait de l'arrière-pays, lui aussi ; Caisotti et lui étaient du même village et l'entrepreneur l'avait fait venir à ***.

— Il semble qu'il n'ait jamais eu d'autre dieu que Caisotti, dit la mère de Quinto.

— Ce doit être un de ses fils naturels, dit Quinto en riant.

— Je lui ai demandé s'ils étaient parents et il s'est troublé, dit la mère. J'ai pensé moi aussi à cela…

— Lui aussi : ça suffit !

— Pourquoi : lui aussi ?

— Oh, des histoires !

Sur le chantier, les autres ouvriers le chinaient, lui jouaient des tours. Il s'emporta tout d'un coup. On entendit des coups de ferraille, des éclats retentissants de planches lancées à la volée sur d'autres planches, des cris. Quinto était à la maison, il courut sur le chantier. Les maçons s'échappaient dans la rue, l'un d'eux avait sauté du premier étage dans le jardin, en cassant des plantes. « Angerin est devenu fou ! Au secours ! » Dans la maison en construction, au premier étage, le géant faisait tout voler en éclats. Il jetait les seaux de chaux contre les murs, arrachait des morceaux d'échafaudage et les cordes qui les attachaient aux poteaux, faisait tomber les échelles, lançait des briques à l'aveuglette, ébréchant les angles des murs, bouleversant les surfaces fraîches de ciment. Dans ce vide, n'importe quel bruit retentissait, devenait énorme, et cela devait exciter d'autant plus le fou furieux. Personne ne pouvait s'approcher : il assenait de ces coups de pelle qui, s'ils avaient touché quelqu'un l'auraient tué sur le coup. Il épanchait ainsi sa rancune contre Caisotti, à l'aveuglette, sans regarder où il frappait.

— Appelez les gendarmes ! Police secours ! Non, non, il faut Caisotti, il n'y a que lui qui peut l'arrêter !

L'assistant était déjà parti à sa recherche en vélomoteur. Quinto voyait ce bout de maison qui avait poussé péniblement s'écrouler sous ses yeux, l'armature des piliers se tordre sous les coups de planche, les appuis de fenêtre se fissurer, et il calculait déjà le retard pour la réfection des dégâts, les endroits qui ne seraient pas bien réparés, avec seulement des rafistolages sommaires, les procès qu'il faudrait faire pour cela…

Caisotti arriva sur le triporteur. Dès qu'on entendit le crépitement s'approcher avec rapidité, puis se taire, les coups à l'intérieur du chantier se turent aussi. Caisotti descendit, pâle, les traits tirés, mais calme. Il écarta les gens sans les regarder, entra sur le chantier, il se rendit compte d'un coup d'œil, souleva une échelle, la plaça à la hauteur du premier étage, il monta.

Angerin était déjà en face de lui, brandissant la pelle en arrière, prenant son élan pour le frapper. Caisotti fit un pas de plus. Il parla sans hausser la voix, rapidement :

— *Angerin, tu m'en vœuss cont'moi ?*

Le géant demeurait les yeux écarquillés, il commença à trembler. À la fin, il dit :

— *Ssi, cont'toi.*

Et Caisotti :

— *Tu me vœuss tuer ?*

Le géant resta silencieux quelques instants, puis il dit :

— *Nna.*

Et Caisotti, mais pas comme un ordre, presque comme une demande, ou une constatation, ou même l'ordre à un chien dressé :

— *Lâche ta pèele…*

Angerin laissa choir la pelle. Dès qu'il le vit les mains vides, Caisotti s'élança d'un bond et ce fut une erreur, parce que Angerin fut repris par sa furie qui n'était désormais plus que de la peur : il saisit une truelle et la décocha de toutes ses forces contre son patron. Il le frappa de côté, sur le front, lui ouvrant une longue coupure qui aussitôt se colora de sang. Caisotti aurait dû être étourdi par la douleur, mais il réagit tout de suite, sinon le géant l'aurait achevé. Il leva un de ses bras, plus comme s'il voulait cacher à Angerin la vue du sang que pour protéger sa blessure, il se jeta sur lui. Ils roulèrent sur la dalle ; on ne perçut pas bien si ce fut à cause du choc, maintenant Caisotti était au-dessus d'Angerin, et Angerin n'essayait plus de frapper mais seulement de s'arracher d'en dessous de lui, puis ne bougea même plus. Caisotti, un genou au-dessus du manœuvre, commença à le frapper, des coups de poing comme les martèlements d'un maillet, continus, presque réguliers, chacun assené de toute sa force, qui résonnaient sur le dos, sur la poitrine de l'homme à terre, sur sa tête, sur ses os.

— Il va le tuer, dit un des maçons près de Quinto.

— Non, répliqua un autre, mais il n'aura plus un sou. Toute la paie qui lui revenait va servir à payer la casse.

Le grondement sourd de coups de poing continuait. On entendit un cri :

— Assez ! Il ne se défend plus !

Quinto reconnut la voix de sa mère : elle était près de la haie, pâle, les bras croisés sous un châle.

Caisotti se leva, descendit lentement, à reculons, par l'échelle. Le corps d'Angerin étendu sur la dalle bougea, rampa, se leva à quatre pattes, puis se mit debout, mais il demeurait toujours courbé, sans montrer son visage ; et ainsi, sans même se secouer, en boitant, il commença à soulever les objets éparpillés autour de lui, à les remettre en place, à tout ranger…

Caisotti avança avec un mouchoir rouge de sang sur le front ; il mit ensuite, bien enfoncée par-dessus, sa casquette à visière, pour le retenir. Ses yeux, à cause peut-être de la blessure, étaient pleins de larmes.

— Il ne s'est rien passé, dit-il aux maçons, *pouvez ben r'venir au boulot maint'nant…*

— Travailler avec ce fou ? Il a bien failli nous tuer ! Nous n'y revenons pas, nous appelons police secours !

— Il ne va rien vous faire. Ce n'est pas à vous qu'il en voulait. Là, il est tranquille. *Oh, y est pas fou. T'appelle personne. 'llez-vous-en au boulot.*

Il remonta sur son triporteur fuselé, avec son mouchoir ensanglanté à demi sur les yeux, poussa un grand coup sur la pédale, resta un moment tressautant au crépitement du moteur, aveuglé par les larmes qui roulaient sur ses joues, puis il partit.

XXI

Pendant l'hiver, Quinto fut presque toujours absent. À Milan, il était secrétaire de rédaction pour la revue de Bensi et Cerveteri. Il venait de temps à autre à ***, y passait quelques jours. Il arrivait la nuit et, montant à la villa, il passait devant le chantier. Dans le noir, l'ombre de la maison se présentait toujours enveloppée par le treillis des échafaudages, trouée par les fenêtres vides, sans couverture. Les travaux avançaient avec une telle lenteur que, d'un voyage à l'autre, Quinto ne trouvait rien de changé. Il avait désormais l'impression que la forme définitive de la maison était celle-là ; il ne parvenait pas à se l'imaginer achevée. Toute sa passion pour la pratique, pour la réalité concrète, la voilà : un tas de matériaux inutilisés qui n'arrivait pas à se concrétiser en quelque chose : velléité, tentatives inachevées. Uniquement lorsqu'il se trouvait avec Bensi et Cerveteri il se sentait redevenir un réalisateur, et cela lui servait à vaincre le complexe d'être moins cultivé et subtil qu'eux ; là aussi il était continuellement en contradiction avec lui-même, mais c'étaient des contradictions plus confortables ; quelle idée que de s'empêtrer dans cette entreprise immobilière ! Il n'en avait plus envie, il restait à Milan des mois entiers sans y penser et tous les ennuis retombaient sur le dos de sa mère.

Son frère, comment s'y fier ? Il préparait ses concours, aussi triste qu'une porte de prison, et il n'était pas question de le détourner d'un millimètre de son chemin ; tous les trois, quatre mois il venait voir leur mère pour de très courtes vacances. Quinto, une fois, le trouva là en arrivant, il était à *** depuis quelques jours ; ils se rencontrèrent le matin ; Quinto, qui était arrivé pendant la nuit, était en train de se laver lorsque Ampelio entra. Quinto l'agressa aussitôt :

— Alors, qu'est-ce que t'as fait, qu'est-ce que t'as fichu ? As-tu organisé la mise sous séquestre pour la non-livraison des travaux ? Et l'hypothèque ?

Il était content d'avoir enfin quelqu'un contre qui se fâcher, sur qui épancher sa mauvaise conscience et la rancune pour cette affaire qui avait semblé si simple et qui se révélait de plus en plus compliquée.

Ampelio restait debout, à la porte de la salle de bains, en pardessus, un parapluie accroché au bras. Derrière ses lunettes, pas l'ombre d'un regard.

— Il n'y a rien à faire, dit-il calmement.

Quinto était en pyjama.

— Comment, rien à faire ! hurla-t-il.

Il s'essuya rapidement.

— Comment, rien à faire ! Nous avons la clause de domaine réservé !

Il rentra dans sa chambre, en poussant son frère.

— Il n'a pas livré les appartements ? Eh bien, nous reprenons notre terrain avec tout ce qu'il y a dessus ! Il faut se remuer !

— Eh bien, remue-toi, lui répondit son frère.

Lorsque Ampelio répondait sur ce ton, Quinto croyait devenir fou ; il savait que son frère était fait de la sorte, que plus il se mettait en colère, plus l'autre lui opposait son calme laconique et méprisant, et pourtant, chaque fois, Quinto n'arrivait pas à se contrôler.

— Et toi ? Tu es ici depuis cinq jours… Tu devais entreprendre toute une action avec Canal, déposer une plainte au tribunal, qu'as-tu fait ?

— Canal, parlons-en de Canal, tiens, dit Ampelio.

Cette façon de mépriser tout et tout le monde était une habitude d'Ampelio que Quinto n'arrivait pas à lui pardonner.

— Pourquoi, qu'as-tu contre Canal ? Canal, c'est un ami à moi ! Canal est quelqu'un de scrupuleux ! Il nous offre son assistance *gratis pro Deo* ! Qu'est-ce qu'il te prend, maintenant, d'être contre Canal ?

Quinto s'habillait, assis sur son lit. Ampelio se

tenait en face de lui, en manteau, les mains sur le manche du parapluie appuyé sur la descente de lit. Quinto se sentait gêné d'être à moitié nu en face de son frère ainsi habillé.

— S'il nous offre son assistance gratuitement, ce n'est pas une raison pour répondre comme il le fait, répliqua Ampelio. Sais-tu ce qu'il m'a dit ? Qu'il ne comprend pas ce que nous prétendons obtenir, que c'est nous qui avons voulu nous associer à Caisotti et que maintenant nous devons le garder, que si nous nous embarquons dans un procès, nous allons y perdre jusqu'à notre dernière chemise...

— Mais pas du tout ! Qu'est-ce que tu es allé lui raconter ! Qu'est-ce que tu lui as demandé ! Tu n'as jamais été capable de t'entendre avec les autres. Tu es resté ici cinq jours sans rien résoudre ! Caisotti vend déjà ses appartements avant même de les avoir achevés, et nous, nous restons là les bras croisés. Si nous avions des locataires prêts à entrer, il serait forcément obligé de finir les appartements ! As-tu cherché des locataires ? Es-tu allé à l'agence ?

Ampelio attendait toujours avant de répondre, immobile, le regard dans le vide. Puis :

— Tu ne manques pas de culot.

— Qu'est-ce que tu veux dire ?

Pas de réponse.

— Qu'est-ce que tu veux dire ?

Quinto lui secouait le bras.

— Dis donc, qu'est-ce que tu veux dire ? Tu

veux dire que je m'en désintéresse et qu'ensuite je m'en prends à toi, c'est ça que tu veux dire ? Hein, c'est ça ?

Il continuait de lui secouer le bras, mais Ampelio ne disait plus rien.

— Et pendant tout ce temps je suis resté ici à tirer les marrons du feu, pour toi, pour toi aussi, des mois que je suis resté ici à mener une vie infernale, et tu ne t'intéressais à rien, tu ne me remerciais même pas. Ce n'est pas vrai ce que je dis, réponds-moi, ce n'est pas vrai ?

Ampelio était quelqu'un qui cachait toujours ses raisons. Il aurait suffi qu'il dise : « Tu es resté ici trois mois à te baigner à la plage ! » et Quinto aurait été déconcerté, n'aurait plus su que dire. Au contraire, il ne donnait jamais prise, même pas dans les disputes. Il dit :

— Assez, donnez-moi ma part, partageons-nous les appartements, je vends les miens tels qu'ils sont, à Caisotti, à n'importe qui, je prends ce qu'on me donne, pourvu que je n'aie plus à discuter avec toi, je regrette seulement pour maman qui reste entre tes mains.

— Mais quoi, qu'est-ce qui te prend (Quinto le serrait aux poignets), mais pourquoi ne veux-tu pas reconnaître que ce qui a été fait jusque-là, c'est moi qui l'ai fait, moi qui ai travaillé pour toi aussi ?

Ampelio s'écarta :

— Tu es malade, tu es malade des nerfs. Va voir un médecin, va te faire examiner.

— Mais pourquoi m'insultes-tu ? Pourquoi me traites-tu ainsi ? cria Quinto.

Il commença à donner des coups de poing à son frère.

Ampelio tomba sur le lit, il ne se défendait même pas, il tenait seulement les coudes et les genoux soulevés, de sorte que les coups de Quinto, plus rageurs que forts, ne tombaient que sur ses bras et ses jambes. Il avait toujours à la main son parapluie, mais il le gardait baissé, parallèle à son corps, sans essayer de le brandir contre son frère. Ses lunettes étaient tombées sur le lit. Il attendait, pelotonné, la barbe dans le col du pardessus, ses yeux fixaient son frère sans exprimer ni ressentiment ni rien, hormis le dépaysement des myopes et un éloignement absolu.

Quinto s'arrêta soudain. Ampelio se redressa, remit ses lunettes.

— Va voir un médecin, tu n'es pas normal, va te faire examiner.

Et il sortit de la chambre.

XXII

Vers la fin de l'hiver, Quinto trouva un travail dans le cinéma, à Rome. Il quitta la rédaction de la revue, après s'être disputé avec Bensi et Cerveteri. Le monde romain était prodigue et sans préjugés ; le producteur était quelqu'un qui trouvait des centaines de millions du jour au lendemain ; on vivait toujours en groupe, les billets de dix mille s'envolaient comme s'il s'agissait de quelques petites lires, les soirées se passaient dans les restaurants et on finissait en buvant chez l'un ou chez l'autre. Quinto supportait mal de boire, mais c'était vivre, enfin. Il n'avait pas encore vu arriver beaucoup de sous, mais il était désormais dans le milieu.

Les lettres qu'il recevait de sa mère, avec ces minuscules soucis, cette façon de faire traîner la moindre question, provoquaient en lui un tourment insoutenable : on avait perdu l'occasion d'une location possible parce que les appartements n'étaient pas encore prêts, Caisotti avait achevé le toit, mais il avait bâti au sommet un abri pour l'ascenseur en enfreignant les limitations de hauteur, Travaglia qui aurait dû venir pour constater l'abus était introuvable. Quinto vivait désormais dans un autre monde, où tout était facile, tout s'arrangeait, tout se faisait promptement, mais il ne pouvait certes pas se désintéresser de ses affaires à ***, ne fût-ce que pour cette bonne raison : après avoir fait ses comptes, plus il gagnait d'argent avec le cinéma, plus il en dépensait, et il n'en avait pas assez. Il faisait la cour à une Française, une fille de la « coproduction », il était toujours dans ce milieu, une vie sans racines. Et l'idée de la construction continuait à le tourmenter toujours plus, comme une épine dans ses pensées.

Dès qu'il eut quelques jours de liberté, il alla à ***. « Je vais prendre la situation en main et je vais résoudre tout ça en moins de deux », se disait-il, et il lui semblait avoir pris le style du cinéma. Mais il lui suffit d'arriver sur place, de voir le terrain boueux, encombré, sur lequel poussait la triste bâtisse en ciment inachevée, il lui suffit d'entendre sa mère dresser la liste des questions (le problème interminable de qui aurait dû s'occuper des branchements de l'eau potable et de l'électricité), il lui suffit de réentendre la lente diction de Caisotti qui n'exprimait plus que l'insolence et la volonté d'abuser d'associés si désarmés et distraits, et il sentit aussitôt le style d'efficacité rapide du cinéma le quitter et ne sut plus par quel bout commencer.

En attendant, Caisotti vendait déjà ou louait des appartements ; c'étaient des contrats abusifs parce que, tant qu'il ne remettait pas aux Anfossi leurs logements, il n'était propriétaire de rien. Il acheva en toute hâte un appartement, fit même passer une couche de peinture blanche et finir les installations, au moment même où il devait être habité.

— Mais comment ? Vos appartements, quand vous voulez, vous les finissez, et les nôtres peuvent attendre…

— Vous n'avez pas de locataires qui doivent entrer…

On savait qu'il allait répondre ainsi. Quinto chercha des locataires, en chargea les agences. Mais pour cet été rien ne pouvait être prêt, c'était évident. Quelques personnes grimpèrent jusque là-haut pour voir : elles trouvèrent le chantier, le bourbier, et allèrent protester auprès de l'agence parce qu'elle donnait de fausses adresses. Il n'y avait de prêt qu'un magasin au rez-de-chaussée, une sorte de remise que Quinto projetait de louer à quelque marchand de fleurs, exportateur ou emballeur, puisque le marché aux fleurs n'était pas très loin. Il y alla pour se renseigner, un matin tôt, quand il y avait le plus de mouvement, mais la saison battait son plein, ce n'était pas le moment où les fleuristes pouvaient songer à déménager.

Le dernier jour que Quinto se trouvait à *** avant de regagner Rome était un dimanche. En passant devant le chantier, il vit un monsieur qui furetait, entrait. Il le suivit. C'était un petit bonhomme, âgé, en chapeau et pardessus. Il s'engagea sur les marches de ciment, encore sans marbre, monta jusqu'au premier étage, glissa la tête par les portes sans chambranle.

— S'il vous plaît, vous cherchez quelqu'un ? cria Quinto par la cage de l'escalier.

Le petit vieillard allait d'un endroit à l'autre, évitant les pots.

— Non, non, je jette simplement un coup d'œil…

Quinto monta lui aussi au premier étage. Il fit tout le tour pour essayer de rencontrer le petit vieillard ; il le vit enfin rentrer d'une terrasse.

— Vous cherchez quelque chose à louer ? demanda Quinto.

Le bonhomme montait déjà l'escalier.

— Non, non. Je jette un coup d'œil.

Quinto monta au deuxième étage.

— Si vous voulez des appartements, ceux de droite sont à nous. Nous pouvons discuter…, cria-t-il dans le vide, parce qu'il ne savait plus où était passé le type, nous en avons de trois et quatre pièces.

Puis il s'aperçut que le bonhomme était à l'étage supérieur. Il monta l'escalier en courant et répéta :

— Nous en avons de trois et quatre pièces.

Même s'il le niait, ce monsieur venait pour trouver un appartement. Sinon, pourquoi se serait-il glissé partout comme s'il voulait se rendre compte de chaque pièce, de chaque détail de la construction ? Le tout était de savoir le convaincre maintenant, de façon qu'il négocie avec lui et pas avec Caisotti.

— Là, vous voyez tout en désordre, mais si vous voulez louer, c'est une question de jours, on vous met tout en place et vous pouvez installer vos meubles…

Le vieillard ne l'écoutait même pas. Il vérifiait les tuyaux d'écoulement, les lavabos… Quinto, à un moment donné, pensa qu'il était sourd. Pourtant, au début, il lui avait répondu tout de suite.

— Si nous nous mettons d'accord maintenant, le mois prochain vous apportez ici votre beau mobilier…, criait-il — mais du troisième au quatrième étage il n'y avait pas encore d'escalier et au troisième étage il n'y avait plus de vieillard.

Il eut peur qu'il fût tombé dans la cage de l'ascenseur, avec cette manie de fourrer partout son nez.

Non, il le vit se pencher en équilibre sur la corniche du toit, qui était bâti en terrasse, mais n'avait pas encore de murette de protection. Il était monté jusque là-haut à l'aide des planches qui servaient aux maçons, il était allé inspecter les caissons pour l'eau et descendait à présent, en équilibre sur ces planches, pliant les genoux et les bras tendus.

Quinto alla lui porter secours.

— Mais expliquez-moi donc : si vous ne voulez ni acheter ni louer, pour quelle raison cette maison vous intéresse-t-elle à ce point ?

Le vieillard, refusant son aide, était déjà arrivé au palier et commençait à descendre les marches de la rampe.

— Rien, dit-il, je jetais un coup d'œil parce que je dois y mettre une hypothèque.

XXIII

Le film, au printemps, se déplaça à Cannes pour les tournages en extérieur. Quinto faisait le va-et-vient entre Rome et Cannes, et il était parfois l'hôte de la villa du producteur français à Juan-les-Pins. Il passait par *** en train ou en voiture, mais ne s'arrêtait pas parce qu'il n'en avait pas le temps et parce qu'il n'arrivait pas à passer du rythme du cinéma à celui de l'entreprise Caisotti. Ayant l'habitude d'une existence économiquement et mentalement recueillie, ce train de vie dispendieux en tous sens le soumettait à un effort continu. La jeune fille française était difficile à garder. Tout espoir de bonheur s'était évanoui pour Quinto : la vie qui semblait la plus heureuse de toutes lui avait été offerte, et il restait triste.

Les nouvelles de *** étaient de plus en plus compliquées. Untel qui avait acheté un garage chez Caisotti au rez-de-chaussée avait su par la suite que la propriété de Caisotti pouvait être mise en cause, et il avait couru se renseigner chez la mère. La mère l'avait mis en garde d'acheter chez Caisotti tant que l'entrepreneur n'aurait pas satisfait à ses engagements. Lorsque Caisotti sut cela, il en naquit une grande dispute : il menaçait de porter plainte contre la mère parce qu'elle l'avait lésé dans ses intérêts. Il ne pouvait certainement pas faire face à ses engagements, disait-il, si les Anfossi faisaient tout pour le calomnier et faire échouer ses affaires ! En attendant, Canal avait rédigé la plainte contre Caisotti pour non-exécution du cahier des charges, pour les dommages des loyers non perçus et pour violation de la clause sur la hauteur de l'immeuble. Si l'entrepreneur ne leur donnait pas satisfaction dans le mois, il présenterait la plainte au tribunal. Mais Caisotti, qui, lui aussi, avait maintenant une avocate, Mme Bertellini, fit préparer, lui aussi, une plainte : il accusait Mme Anfossi de diffamation continue, de violation de contrat (pour la question de cette fosse d'aisances qui n'avait pas été vidée en temps voulu) et, enfin, même de vol, pour ces tuyaux d'irrigation de l'année précédente, qui continuaient à être évoqués chaque fois qu'ils se disputaient. Toutes accusations sans queue ni tête, mais si Canal présentait sa plainte, Caisotti répondait par la sienne, rien que pour embrouiller l'affaire et tirer les choses en longueur. Ils étaient en pourparlers pour trouver un accord.

Au plus beau moment, Quinto fut renvoyé à Rome. Le « coproducteur » français se retirait du film ; la société italienne était criblée de dettes. On tourna quelques intérieurs à Cinecittà, ensuite la crise s'aggrava et tout fut suspendu. De *** sa mère écrivit qu'elle avait enfin trouvé quelqu'un pour louer le magasin, une certaine Mme Hofer qui expédiait des glaïeuls à Munich.

En septembre, le producteur italien fit faillite, le film fut racheté par la nouvelle maison d'un grand marchand de terrains à bâtir, qui s'empressa d'achever le film à l'économie. Quinto ne fut plus rappelé ; ses fonctions d'« assistant au scénario » furent jugées superflues. Il s'attendait à recevoir encore de l'argent, mais on lui démontra que selon le contrat on ne lui devait plus rien. Avec la petite Française il avait déjà rompu depuis Cannes. Il revint à ***. Il était sans travail et sans le sou.

Sa mère, à présent, en voulait surtout à Mme Hofer. Elle ne payait pas le loyer, on n'arrivait pas à la trouver, elle ne répondait pas aux lettres, il semblait qu'elle était partie en Allemagne. Elle donna enfin signe de vie alors que Quinto était là. Elle était grande, un mètre quatre-vingts, énergique, bien tournée, un peu ronde mais bien faite ; elle avait une gorge qui faisait éclater le tailleur, serré à la taille, avec de larges hanches, des jambes un peu masculines mais élancées. Son visage était dur, ordinaire, mais fier, de femme qui connaît son affaire ; les cheveux blonds et crépus, serrés à l'arrière par un ruban rose qui semblait incongru. Quinto, aussitôt curieux et troublé par le corps de l'Allemande, la bombardait de regards, mais Mme Hofer, avec un visage de marbre, continuait à s'adresser à sa mère. Elle parlait italien avec un accent marqué mais montrait une froide aisance ; elle expliqua qu'elle avait dû s'arrêter en Allemagne plus longtemps que prévu et qu'elle n'avait donc pas pu régler le trimestre, mais qu'elle allait mettre maintenant de l'ordre dans ses affaires et qu'elle reviendrait payer dans une semaine. Elle s'en alla du pas ferme de ses chaussures d'homme. Quinto n'avait pas réussi à croiser son regard.

À l'approche de l'expiration de la semaine, sa mère commença à dire :

— Mme Hofer n'est pas encore venue…

Et Quinto, affalé dans une chaise longue en train de lire *Felix Krull* :

— Mme Hofer… Mme Hofer… On va la faire payer, Mme Hofer…

Et il continuait mentalement à s'acharner en s'amusant sur le nom et l'image de Mme Hofer et, petit à petit, il rassemblait en Mme Hofer tout ce qu'il n'avait pas eu, les choses dont il n'avait pas réussi à venir à bout : la spéculation immobilière, le cinéma, la petite Française… « Mme Hofer…, ricanait-il en lui-même, je vais m'en occuper, de Mme Hofer… »

Mme Hofer n'était dans le magasin que tôt le matin, à l'heure à laquelle arrivaient les fleurs du marché, avec deux ouvriers emballeurs. Elle supervisait la confection des corbeilles de glaïeuls, que les ouvriers remettaient ensuite au coursier à destination de l'aéroport de Milan ; elle baissait le rideau de fer et s'en allait. Quinto se levait tard et ne la voyait jamais. Mais elle leur avait laissé son adresse.

Dès que huit jours furent passés, Quinto dit à sa mère :

— Donne-moi le reçu du trimestre, signé, avec le timbre fiscal et tout le reste : je vais chez Mme Hofer et je lui demande l'argent.

Elle habitait une vieille maison sur le bord de mer. Ce fut elle qui ouvrit. Elle était en corsage à manches courtes ; avec des bras plus blancs et légèrement plus mous que Quinto ne s'y attendait. Son expression était interrogative, comme si elle ne le reconnaissait pas. Quinto sortit aussitôt le reçu, disant que, puisqu'elle ne trouvait pas le temps de venir, il était venu, lui, régler… Elle le fit entrer ; dans une pièce avec des coussins brodés, des poupées, probablement un meublé. Sur une commode se trouvaient les photographies de deux hommes, avec des fleurs devant : un aviateur allemand et un officier italien, qui parut à Quinto (toujours prêt à imaginer le pire) porter un uniforme de la République sociale.

— Ce n'était pas nécessaire de vous déranger, monsieur Anfossi, disait Mme Hofer, je passerai moi-même demain ou plus tard…

Les regards de Quinto faisaient la navette entre les yeux de la femme, toujours distants et distraits, et son corps dont la chair était, au contraire, tendue, pleine…

— Mais pourquoi ne pas régler maintenant ? J'ai apporté le reçu…

Le ton de Quinto essayait d'être légèrement badin ou, plutôt, allusif, le ton de quelqu'un qui, en somme, cherche à sortir de la sécheresse de ce genre de rapport. Mais rien : elle semblait ne pas pouvoir être atteinte par ces vibrations impalpables.

— Monsieur Anfossi, si je vous dis que je passerai demain ou après-demain, cela veut dire que je ne peux disposer de la somme avant demain ou après-demain…

Qui plus est, il fallait avoir un sacré culot pour donner ce genre de réponse sans se troubler, avec le retard qu'elle avait. Mais ce n'était pas cette résistance-là que Quinto s'était mis en tête de vaincre.

Il eut un petit rire et lança :

— Madame Hofer, il serait triste d'avoir à se disputer avec une belle femme comme vous…

Mme Hofer ne s'y attendait pas, apparemment, et ses yeux furent traversés d'un bref éclair qui aurait même pu devenir tout de suite ironique. Mais Quinto, aussi rapide qu'un maniaque sexuel, avait déjà allongé une main pour défaire son corsage. Mme Hofer recula avec un mouvement offensé, sembla ensuite se reprendre et s'arrêta.

— Monsieur Anfossi, qu'est-ce que vous cherchez ?…

Ils s'embrassaient déjà.

Mme Hofer était une tigresse. Elle le dépassait. Ils volaient d'un coin à l'autre de la chambre, mais elle demeurait toujours debout. Quinto ne comprenait plus rien ; il cherchait une revanche à tout, et il la tenait. Dans cette fureur, à un moment donné, il perdit presque connaissance et se retrouva renversé et épuisé au milieu des poupées du divan. Mme Hofer était toujours debout, en face de lui, et le regardait avec un petit air de mépris. Pas une seule fois elle n'avait souri.

Quinto remit ses vêtements en ordre, en essayant de ne penser à rien. Mme Hofer s'avança pour le reconduire à la porte. Quinto, pour dire quelque chose, sortit le reçu de sa poche :

— Pour ceci, alors, vous passerez...

Mme Hofer fit un petit geste comme pour l'inviter à rapprocher sa main, prit le reçu, alla vers la commode, ouvrit son sac à main, enferma le reçu dans le sac, alla à la porte, l'ouvrit.

— Bonsoir, monsieur Anfossi.

Quinto sortit. Les journées commençaient à raccourcir. Il faisait sombre.

XXIV

L'avocate, Mme Bertellini, et Quinto se connaissaient depuis les années de lycée, mais à présent, au cours de la rencontre entre les deux parties qui avait lieu dans l'étude de Canal, elle manifestait une froideur professionnelle, ne s'adressant qu'à son collègue, la tête penchée sur ses papiers. Elle n'avait pas l'air d'être bien au courant des termes du problème ; Caisotti décidait tout lui-même, elle essayait de donner une tournure légale à ce qu'il disait.

— Allons donc, dit Canal, assis derrière son bureau, comment pouvez-vous présenter une plainte pour vol contre madame le professeur Anfossi ? Le juge vous rira au nez. Tu devrais toi-même conseiller à ton client de ne pas trop faire ce genre de plaisanteries…

Caisotti, les poings serrés sur les bras d'un fauteuil Voltaire, avait un visage fermé et menaçant. L'avocate compulsa ses papiers :

— Donc, le 18 juin 1954… quatre tuyaux de fer pour irrigation d'une longueur de…

Après la Libération, l'avocate avait été camarade de parti de Quinto pendant un certain nombre d'années. Elle avait débuté dans la carrière en plaidant la partie civile dans des procès intentés par les familles des morts contre certains ratissages féroces et qui faisaient frissonner. Maintenant, ils étaient là, à discuter d'une affaire immobilière, en s'accusant réciproquement.

Quinto tenta un faible rappel à l'ancienne amitié :

— Mais, enfin, Silvia, qu'est-ce que tu dis...

Elle ne leva pas la tête de ses papiers.

— Mon client affirme que le 18 juin...

Canal, avec les mots d'un homme sans éloquence mais pratique, soufflant un peu, comme quelqu'un d'irrité par tant de choses fausses, dégoûté par la manière dont la loi peut servir de bouclier aux gens malhonnêtes et, malgré tout, conscient du fait que les choses sont ainsi et que son métier était de les arranger pour autant qu'il lui était possible, de réparer les dommages causés par les escrocs qui croient être rusés et par les velléitaires, avec la tête dans les nuages, qui croient que tout leur est dû — aussi brouillons les uns que les autres —, Canal essayait donc de persuader la partie adverse qu'il n'y avait aucun intérêt à laisser traîner en longueur cette querelle à coups de chicanes ; qu'il leur fallait bien payer les traites, qu'ils devaient livrer les travaux, qu'on ne pouvait pas transiger sur les chiffres, que ses clients se rendaient compte que ce n'était pas dans leur intérêt de mettre l'entreprise Caisotti en faillite, c'est pourquoi ils proposaient un dernier chiffre, sinon, cette fois, on irait vraiment au tribunal.

Canal avait lui-même conseillé à Quinto cette tactique conciliante. « Il n'y a rien d'autre à faire ! lui avait-il dit la veille. Tu n'en as plus aucune envie, je l'ai bien vu… Tu n'es jamais là, tu laisses ta mère se débrouiller avec tous les ennuis… Elle qui aurait le droit d'être tranquille mais qui prend les choses à cœur… Caisotti n'a aucune réputation à perdre : il est venu ici avec des pantalons rapiécés, il vit comme un clochard, il a la piètre figure d'un voleur de poules aux yeux de tout le monde, on n'arrive jamais à le coincer la main dans le sac parce qu'il ne fait jamais ce qu'il serait logique de prévoir qu'il fasse… Et malgré tout, avec son système, c'est quelqu'un qui se maintient à flot, quelqu'un dont il faut toujours tenir compte… »

Canal communiqua le chiffre convenu avec Quinto. L'avocate se tourna vers Caisotti. L'entrepreneur fit la grimace et secoua la tête en signe de refus.

— Mon client ne croit pas pouvoir traiter sur cette base, dit-elle.

Caisotti se leva, elle se leva, éteignit sa cigarette, rassembla les papiers dans sa serviette, prit son sac à main, serra la main de Canal, puis celle de Quinto, et sortit hâtivement, derrière son client qui avait les mains dans les poches.

— Eh oui, je sais, je sais, dit Canal lorsqu'il fut seul avec Quinto en levant les bras, c'est un ignorant, un crétin qui plus est, on ne voit pas ce qu'il peut désormais gagner à ne pas payer, à ne pas mettre un point final... Mais c'est comme ça, tu le vois, c'est comme ça...

Il lui tendit la main.

Quinto aurait aimé rester plus longtemps pour parler de son expérience cinématographique, mais Canal avait du travail et il prit congé. Il avait à présent quelque chose à raconter qui intéressait tout le monde, Cinecittà, les actrices françaises ; ce n'était plus comme quand il ne s'occupait que de polémiques idéologiques et ne savait jamais que dire à ses anciens amis. Désormais, pourtant, il ne parlait plus que de Caisotti.

Caisotti, Caisotti, Caisotti... Il n'en pouvait plus. Oui, il savait bien de quoi cet homme était fait, il savait qu'il avait toujours le dernier mot, il l'avait compris le premier ! Mais était-ce possible que tout le monde l'acceptât comme un fait normal, qu'on ne le critiquât qu'avec des mots, qu'on ne se souciât pas de l'annihiler, de le détruire... Oui, c'était vrai, il l'avait voulu, c'était lui qui avait chanté les louanges de Caisotti contre l'avis de tous les bien-pensants... Mais il avait l'impression qu'à cette époque Caisotti était différent, qu'il représentait le terme d'une antithèse, qu'il faisait partie d'un processus en mouvement... Caisotti n'était plus, désormais, qu'un des aspects d'un ensemble uniforme et gris, d'une réalité qu'il fallait nier ou accepter. Et lui, Quinto, ne voulait pas l'accepter !

Pour ne rien dire du notaire Bardissone qui, lorsque Quinto alla le trouver, lui fit une sorte de panégyrique de Caisotti :

— Il va payer, écoute-moi, ce n'est pas un mauvais gars comme il semble, il est parti de rien, songes-y, et il a maintenant une entreprise importante, le moment est dur pour tout le monde, les hauts et les bas, et cætera, mais essaie de t'entendre avec lui, je te le répète, c'est un brave homme.

Travaglia était très pris par la politique. L'année suivante il y aurait des élections municipales et on disait qu'il voulait se présenter comme maire sur la liste de la majorité. Ils se rencontrèrent un jour, firent quelques pas ensemble, Quinto lui expliqua un peu les dessous du cinéma, il jouait à l'homme qui a vécu. Devant le café « Melina », ils rencontrèrent Caisotti. Depuis leur entrevue, Quinto et lui ne se saluaient plus. Travaglia, au contraire, s'arrêta pour lui serrer la main. Peu après, il lui dit :

— Et alors, cette affaire avec les Anfossi ?

Caisotti commença à parler de sa voix plaintive, mais il restait dans le vague, et Quinto n'intervenait que par des haussements d'épaules. Travaglia, au contraire, cherchait à raisonner, à convaincre Caisotti, mais soutenait les arguments des Anfossi avec l'air de celui qui explique les raisons d'un enfant, de quelqu'un qu'il faut essayer de comprendre sans prétendre qu'il réponde à la logique ordinaire. En définitive, Caisotti s'en sortit avec une proposition : il paierait une partie de ce qu'il devait aux Anfossi, mais ceux-ci devaient lui céder la gérance des appartements — il était clair, d'ailleurs, qu'ils ne pouvaient pas s'en occuper. Il se chargerait de trouver des locataires et de toucher les loyers, et à la fin de l'année il verserait une somme déterminée.

C'était un système pour se faire dévorer tout cru par Caisotti, Quinto le comprenait bien ; mais il comprit aussi que c'était une manière de se dégager de ces soucis, au moins pendant un an, sans avoir le remords de laisser sa mère seule à mener la bataille des loyers. Travaglia comprit lui aussi que cette solution offrait des aspects positifs pour les Anfossi et l'encouragea. Quinto essayait de gagner du temps. Ils échouèrent tous dans le bureau de Caisotti. Il y avait une nouvelle secrétaire, une fille rousse, de nouveaux meubles, une nouvelle lampe, avec des néons. Caisotti fit asseoir l'ingénieur et Quinto, il offrit des cigarettes. Une femme entra, une petite paysanne, déjà assez âgée, avec un enfant.

— Ma femme, la présenta Caisotti. Elle est venue elle aussi habiter en ville. Désormais j'ai pas grand-chose à faire au village.

Il fut entendu que Quinto parlerait de tout cela avec sa mère et son frère qui devait justement arriver.

Il remontait, seul, vers la villa, lorsqu'il vit le vieux menuisier, Masera, qui descendait la rue à vélo et qui freina pour le saluer.

— Tu es là pour quelque temps ? Pour tes affaires ? La construction… Je passe toujours par là, je la vois toujours au même point, et je pense à toi, à ta mère, à tout le mauvais sang que vous avez dû vous faire… C'est vrai que Caisotti doit encore vous régler des traites ? Excuse-moi, tu sais, je n'ai jamais rien voulu te dire quand je te rencontrais, tu avais l'air un peu sombre, et je me disais : je vais lui parler, puis je n'osais pas… Mais nous en discutons souvent entre camarades… Comment avez-vous pu vous mettre entre les mains de ce Caisotti… ? Tu ne savais pas à qui tu avais affaire ? Nous aussi, à l'Anpi, il nous a entourloupés !

Quinto était au comble de la nervosité et pourtant, en même temps, comme délivré : sa tentative d'affaire immobilière, dont il avait fait l'apologie et qu'il avait exaltée en lui-même comme pour la défendre d'une accusation venant de Masera et de ses camarades, était au contraire quelque chose dont il aurait pu tranquillement parler avec eux, ils étaient de son côté et le soutenaient…

— Oui, je sais que vous étiez pressés de vendre, que vous aviez des impôts à payer, disait Masera, et vous avez même bien fait d'entrer dans une combine pour construire, vous aussi… Tant qu'à faire, plutôt que de la laisser aux autres… Mais pour quelle raison n'es-tu pas venu demander conseil à la section ? Nous t'aurions renseigné… Il y a des entrepreneurs qui, sans être des camarades, sont des amis ou, en tout cas, n'ont aucune envie de nous faire de mauvais coups... Nous avons aussi une coopérative, qui marche bien, qui est à nous... Viens en discuter un de ces soirs : nous voulons engager toute une action pour lutter contre les spéculations, pour déterminer un barème sur les terrains, faire respecter les règlements... On ne peut vraiment pas accepter tout ce qui se passe en ce moment, ces escroqueries... On peut se battre... On peut faire des tas de choses... Et maintenant qu'il va te falloir chercher des locataires, adresse-toi à nous, de temps à autre on nous parle de quelqu'un, parfois on nous écrit, à la section, de Turin, de Milan, des camarades parfois même aisés, qui demandent des renseignements...

Quinto rentra chez lui comme s'il ramenait un cadavre sur le dos : étranglé par le bagou affable de Masera, l'individualisme du libre entrepreneur aventureux écarquillait des yeux romantiques au soleil de l'après-midi.

Ampelio était là ; ils s'enfermèrent dans la salle à manger, encombrant la table de papiers, et recommencèrent leurs comptes pour la énième fois.

Leur mère était dans le jardin. Le chèvrefeuille sentait bon. Les capucines formaient une tache de couleur presque trop vive. Si elle ne levait pas les yeux vers le haut, où de tous côtés donnaient les fenêtres des bâtisses, le jardin restait toujours le jardin. Elle faisait le tour des plates-bandes, coupant les branches sèches, vérifiant si le jardinier avait arrosé partout. Un escargot remontait le long de la feuille pointue d'un iris : elle le détacha, le jeta par terre. Un éclat de voix lui fit lever la tête : là-haut, au sommet de la construction, ils passaient le goudron sur la terrasse. Leur mère pensa que c'était plus beau lorsqu'on faisait les maisons avec des toits en tuiles et que, le toit fini, on y plantait le drapeau.

— Les enfants ! Les enfants ! cria-t-elle vers les fenêtres de la salle à manger. Ils ont fini le toit !

Quinto et Ampelio ne répondirent pas. La pièce, aux persiennes closes, était dans la pénombre. Ils étaient assis avec des liasses de papiers sur les genoux et recalculaient la date où le capital serait amorti. Le soleil disparaissait tôt derrière l'édifice de Caisotti et, entre les lames des persiennes, la lumière qui tombait sur l'argenterie du buffet s'estompait, il ne restait plus que celle qui traversait les lames les plus hautes et s'éteignait tout doucement, sur les rondeurs brillantes des plateaux, des théières…

5 avril 1956-12 juillet 1957

Chronologie biographique

Les citations sont toutes d'Italo Calvino.

1923. Naissance le 15 octobre d'Italo Calvino à Santiago de Las Vegas près de La Havane. Son père, Mario, d'une vieille famille de San Remo, est agronome, sa mère, Evelina Mameli, est professeur de botanique.

1925. Retour de la famille Calvino en Italie, à San Remo.

1927-1940. Naissance de Floriano Calvino. Les deux garçons reçoivent une éducation laïque et antifasciste.

1941-1942. Études en agronomie à l'Université de Turin. Italo Calvino soumet aux Éditions Einaudi un premier manuscrit (« *Pazzo io o pazzi gli altri* ») qui sera refusé.

1943-1944. Il poursuit ses études en agronomie à Florence. Il rejoint San Remo en août 1943 et, à l'avènement de la République de Salò, entre en dissidence avant d'intégrer début 1944 les Brigades garibaldiennes.

1945. Après la Libération, il participe à la vie politique dans le Parti communiste italien. Il entreprend des études littéraires à l'Université de Turin et fait la connaissance de Cesare Pavese.

1946. Début d'une collaboration avec *l'Unità*, qui publie régulièrement ses récits dont *Champ de mines* qui remporte en décembre un premier prix littéraire lancé par le même journal.

1947. Fin de ses études littéraires par un mémoire sur Joseph Conrad. Encouragé par Pavese, son premier lecteur et mentor, Italo Calvino fait paraître chez Einaudi, désormais son éditeur et employeur, *Le sentier des nids d'araignée* (prix Riccione) qui s'inspire de son expérience de résistant. Il se rend au Festival de la jeunesse à Prague.

1948. Visite à Ernest Hemingway, en villégiature à Stresa, en compagnie de Natalia Ginzburg.

1949. Il participe au Congrès mondial des partisans de la paix à Paris. Parution du recueil *Le corbeau vient le dernier* dont les nouvelles développent trois axes thématiques : « le récit de la Résistance », « le récit picaresque de l'après-guerre » et « le paysage de la Riviera ».

1950. Suicide de Cesare Pavese.

1951. Voyage en URSS à l'automne. Le 25 octobre, décès de son père.

1952. Parution du *Vicomte pourfendu*, récit fantastique d'un homme fendu en deux dans un XVIIIe siècle fabuleux. *Botteghe Oscure*, revue dont le rédacteur en chef est Giorgio Bassani, publie *La fourmi argentine*.

1954. Parution de *L'entrée en guerre*, trois récits d'inspiration autobiographique.

1956. *Contes populaires italiens*, deux cents contes issus de toutes les régions d'Italie, sélectionnés et entièrement retranscrits par Italo Calvino, paraît en novembre.

1957. Parution en volume du *Baron perché*, où le héros, vivant au siècle des Lumières, refuse de marcher comme tous sur terre, et impose sa singularité pour « être *vraiment* avec les autres ». Parution en revue de *La grande bonace des Antilles*, qui fustige l'immobilisme du Parti communiste italien, et de *La spécula-*

tion immobilière, qui met en scène un intellectuel aux prises avec la réalité entrepreneuriale de la construction. Italo Calvino présente sa démission au parti communiste suite aux événements de 1956 en Pologne et en Hongrie.

1958. Publication en revue du *Nuage de Smog*. Parution d'une anthologie personnelle, *I Racconti*, qui remporte l'année suivante le prix Bagutta.

1959. Parution du *Chevalier inexistant*, l'histoire, dans un Moyen Âge légendaire, d'« une armure qui marche et qui, à l'intérieur, est vide ». La fondation Ford permet à Italo Calvino de passer six mois aux États-Unis dont quatre à New York.

1960. Parution de *Nos ancêtres* qui rassemble *Le vicomte pourfendu*, *Le baron perché* et *Le chevalier inexistant* : « une trilogie d'expériences sur la manière de se réaliser en tant qu'êtres humains, [...] trois niveaux d'approche donc de la liberté ».

1961. En avril, Italo Calvino se rend à Copenhague, Oslo et Stockholm pour y donner des conférences. Il participe à la Foire du livre de Francfort en octobre.

1962. Il fait la connaissance d'Esther Judith Singer, dite Chichita, traductrice argentine qui travaille pour l'Unesco et l'Agence internationale pour l'énergie atomique. Parution en revue du récit *La route de San Giovanni*.

1963. Parution de *Marcovaldo ou Les saisons en ville*, l'histoire d'un manœuvre devenu citadin « toujours prêt à redécouvrir un petit bout de monde fait à sa mesure », et de *La journée d'un scrutateur*, qui dénonce les failles d'un système se fourvoyant sous couvert d'égalité et de charité. Italo Calvino est juré du prix Formentor.

1964. Il épouse Chichita à La Havane en février. Il revient sur les lieux de sa petite enfance et rencontre

Ernesto « Che » Guevara. Les Calvino s'installent à Rome.

1965. En avril, naissance de sa fille Giovanna. Parution en volume de *Cosmicomics*, qui témoigne de l'intérêt d'Italo Calvino pour les sciences et la cosmogonie, et du diptyque *Le nuage de Smog — La fourmi argentine*, dans lesquels il questionne les relations entre l'homme contemporain et la nature.

1966. Mort de l'écrivain Elio Vittorini, avec lequel Calvino entretenait depuis 1945 des rapports amicaux et professionnels. Ensemble ils avaient dirigé le magazine *Il Menabò di letteratura* (1959-1966).

1967. La famille s'établit à Paris. Italo Calvino traduit *Les fleurs bleues* de Raymond Queneau. Parution de *Temps zéro*, nouveau recueil de « cosmicomics », dont le titre fait référence au commencement du monde.

1968. Il participe au séminaire de Roland Barthes à la Sorbonne, fréquente Raymond Queneau et les membres de l'Oulipo. Il refuse le prix Viareggio qui récompense *Temps zéro*. Parution de *La mémoire du monde et autres cosmicomics*.

1970. Parution du recueil *Les amours difficiles* dont la plupart des histoires sont fondées sur « une difficulté de communication, une zone de silence au fond des rapports humains ». Dans le cadre d'un cycle d'émissions radiophoniques, Italo Calvino s'attelle à l'étude de passages du poème de l'Arioste *Roland furieux*.

1972. Il remporte le prix Antonio Feltrinelli pour ses œuvres de fiction. Parution des *Villes invisibles*, où, à travers un dialogue imaginaire entre Marco Polo et Kublai Khan, s'élabore une réflexion subtile sur la ville, les constructions utopiques et le langage.

1973. Il devient membre étranger de l'Oulipo. Parution du *Château des destins croisés* dont la narration se fonde sur le tirage de cartes de tarot.

1974. Début d'une collaboration avec le quotidien *Corriere della sera*, dans lequel Italo Calvino publie fictions, récits de voyage et réflexions sur le contexte politique et social de l'Italie.

1975-1976. Séjours en Iran, aux États-Unis, dans le cadre notamment des séminaires d'écriture de la Johns Hopkins University, au Mexique et au Japon.

1977. Il reçoit du ministre autrichien des Arts et de l'Éducation, à Vienne, le Staatspreis für Europäische Literatur.

1978. En avril, mort de sa mère.

1979. Parution de *Si par une nuit d'hiver un voyageur*, roman qui met en scène sa propre écriture, à partir de dix débuts de romans toujours laissés en suspens. Début d'une collaboration avec *la Repubblica*.

1980. Parution d'*Una pietra sopra*, dans lequel Italo Calvino regroupe ses interventions critiques les plus importantes. Les Calvino s'installent à Rome.

1981. Italo Calvino reçoit la Légion d'honneur et s'attelle à la traduction de *Bâtons, chiffres et lettres* de Queneau. Il préside le jury de la 38e édition de la Mostra Internazionale del Cinema à Venise.

1982. *La vera storia*, opéra en deux actes de Luciano Berio d'après une œuvre d'Italo Calvino, est créé à la Scala de Milan.

1983. Italo Calvino est nommé directeur d'études à l'École des hautes études à Paris et donne une série de conférences à New York. Parution en novembre de *Palomar*, dont l'histoire « peut se résumer en deux phrases : *Un homme se met en marche pour atteindre, pas à pas, la sagesse. Il n'est pas encore arrivé* ».

1984. Il se rend en avril à la Foire internationale du livre de Buenos Aires avec sa femme, Chichita. *Un re in ascolto*, opéra conçu avec Luciano Berio, est créé à

Salzbourg. Il participe à Séville avec Jorge Luis Borges à un congrès sur la littérature fantastique. L'éditeur Garzanti publie à l'automne *Collection de sable*, dans lequel Italo Calvino regroupe des textes sur la réalité changeante qu'est le monde, inspirés en partie par ses voyages au Japon, au Mexique et en Iran, et *Cosmicomics anciens et nouveaux*. Tout en défendant toujours les valeurs issues de la Résistance, il prend ses distances avec la politique.

1985. Il travaille à un cycle de conférences pour l'université Harvard, regroupées dans un recueil posthume, *Leçons américaines* (1988). Décédé dans la nuit du 18 au 19 septembre à l'hôpital à Sienne, il laisse notamment derrière lui un recueil inachevé, *Sous le soleil jaguar* (1988), qui devait être constitué de nouvelles sur les cinq sens, *La route de San Giovanni* (1990), projet d'un volume rassemblant des « exercices de mémoire », *Pourquoi lire les classiques* (1991), regroupant des analyses des œuvres majeures de la littérature passée et contemporaine, et *Ermite à Paris* (1994), recueil de pages autobiographiques.

DU MÊME AUTEUR

Aux Éditions Gallimard

LE SENTIER DES NIDS D'ARAIGNÉE (Folio n° 5456)

LE VICOMTE POURFENDU (Folio n° 5457)

LE BARON PERCHÉ (Folio n° 5458)

LE CHEVALIER INEXISTANT (Folio n° 5459)

LES VILLES INVISIBLES (Folio n° 5460)

SOUS LE SOLEIL JAGUAR (Folio n° 5461)

LA JOURNÉE D'UN SCRUTATEUR (Folio n° 5668)

LA SPÉCULATION IMMOBILIÈRE (Folio n° 5669)

COSMICOMICS (Folio n° 5666)

LE CHÂTEAU DES DESTINS CROISÉS (Folio n° 5667)

Composition Nord Compo
Impression Maury Imprimeur
45330 Malesherbes
le 22 octobre 2013.
Dépôt légal : octobre 2013.
Numéro d'imprimeur : 185578.

ISBN 978-2-07-045113-5. / Imprimé en France.

249065